INTERACTION
Testing Program

Susan St. Onge
CHRISTOPHER NEWPORT COLLEGE

Ronald St. Onge
COLLEGE OF WILLIAM AND MARY

Katherine Kulick
COLLEGE OF WILLIAM AND MARY

David King
CHRISTOPHER NEWPORT COLLEGE

HH HEINLE & HEINLE PUBLISHERS
Boston, Massachusetts 02116

I(T)P
An International Thomson Publishing Company

BOSTON · ALBANY · BONN · CINCINNATI · DETROIT · MADRID · MELBOURNE · MEXICO CITY
NEW YORK · PARIS · SAN FRANCISCO · SINGAPORE · TOKYO · TORONTO · WASHINGTON

Copyright © 1995 by Heinle & Heinle Publishers.
An International Thomson Publishing Company

All rights reserved. No parts of this publication may be reproduced or transmitted in any form or by any means, electronic or mechanical, including photocopy, recording, or any information storage and retrieval system, without permission in writing from the publisher.

Manufactured in the United States of America.

ISBN 0-8384-5511-5

10 9 8 7 6 5 4 3 2 1

TABLE DES MATIERES

Foreword v

Préface .... vii–x

Listening Comprehension Script .... xi–xix

Vocabulary Choices for **Interrogations Structures** .... xxi–xxiv

Chapitre 1 • Interrogation 1–2
                   Examen A 3–5
                   Examen B 7–9

Chapitre 2 • Interrogation 11–12
                   Examen A 13–15
                   Examen B 17–20

Chapitre 3 • Interrogation 21–22
                   Examen A 23–25
                   Examen B 27–30

Chapitre 4 • Interrogation 31–32
                   Examen A 33–35
                   Examen B 37–39

Chapitre 5 • Interrogation 41–42
                   Examen A 43–44
                   Examen B 45–48

Chapitre 6 • Interrogation 49–50
                   Examen A 51–54
                   Examen B 55–57

Chapitre 7 • Interrogation 59–60
                   Examen A 61–64
                   Examen B 65–68

Chapitre 8 • Interrogation 69–70
                   Examen A 71–74
                   Examen B 75–78

Chapitre 9 • Interrogation 79–80
                   Examen A 81–84
                   Examen B 85–87

Chapitre 10 • Interrogation 89–90
                   Examen A 91–95
                   Examen B 97–100

Answer Key • Interrogations 103–106

Answer Key • Examens A 109–117

Answer Key • Examens B 121–128

FOREWORD

The expanded ***Testing Program*** that you have in hand is a direct result of requests that we have received from teachers using ***Interaction.*** We appreciate your approval of the balanced, easy-to-use, classroom-tested quizzes and exams of the earlier ***Testing Program***, and we heard your call for an alternate form for each chapter test. We are pleased to provide these for you. In addition to individual chapter quizzes, you will find two complete sets of ten chapter tests (*Examen A* and *Examen B*) which may be duplicated and administered in their original format, or recombined with parts from *Examen A* and *Examen B* to form additional tests. The listening comprehension activities in *Examen A* stem from the audio laboratory tapes, while in *Examen B* they are drawn from the ***Intervision*** video.

As always, we welcome your comments and will do our very best to accommodate your needs. Thank you for using ***Interaction.***

PREFACE

Introduction

Interaction: Révision de grammaire française, Fourth Edition offers a flexible **Testing Program** designed to reflect the philosophy and carefully parallel the structures, functions, and vocabulary presented in each chapter.

The complete **Testing Program** includes the following:
- a listening comprehension tapescript for *Examens A*
- ten chapter (or diagnostic) quizzes (*Interrogations*)
- two sets of chapter tests *each* containing ten chapter tests (*Examens*)
- an answer key with scoring recommendations for each of the quizzes (*Interrogations*) (100 points total)
- an answer key with scoring recommendations for each of the chapter tests (*Examens*) (100 points total)

Chapter Tests *(Examens)*

Each of the chapter tests is composed of three distinct parts, **Activités de Compréhension**, **Structures**, and **Pratique**, representing the primary organizational features of the textbook. The chapter tests have been pilot-tested with more than 200 students and have been adapted and revised in response to faculty and student input. They are designed to be administered within fifty-minute class periods, allowing students some time to review and revise their work before handing it in.

The ten-chapter *Examens (A & B)* provide two complete and different testing programs when used independently. Constructed using the same weighting for each of the three parts on both sets of examinations, they provide even greater flexibility. Numerous additional forms of the **Testing Program** may be designed by the instructor by recombining various parts from *Examens A & B* allowing variation in course exams from one year to the next.

Activités de Compréhension (approximately 25%)

Each test includes a listening comprehension component in recognition of the importance of listening skills and in support of the laboratory program. The listening comprehension portion of each test is composed of two parts (I and II).

Part I is a passage taken directly from either the laboratory auditory tape program (*Examen A*) or from the video segment corresponding to each chapter (*Examen B*).

Examen A — While the listening passage is the same as on the auditory tape program, the comprehension questions or true/false statements that verify comprehension of the passage are entirely new and do not duplicate the tape program questions. Students will have had the opportunity to hear the passage in the laboratory before the test, but they will not know in advance which one of the dozen or more listening activities will be chosen for testing purposes, nor will they have seen or heard in advance the actual comprehension questions used on the test. An announcement to students that the test will include an activity from the tape program serves as strong motivation to spend additional time listening to the tape program. Recognizing that not all students process language at the same rate, the opportunity to "prepare" in advance, by listening many times over to the tape program while studying for the exam and in preparation of the homework in the *Cahier de laboratoire et de travaux pratiques,* may actually help to minimize natural learning differences.

Examen B uses the same principle, but employs segments from the video tape program. The added visual dimension more closely approximates authentic communicative interaction with clues to meaning provided by gestures, body language, and an appropriate cultural context.

Part II, the second portion of the **Activités de Compréhension,** is usually a passage or series of questions written solely for the *Testing Program* to be read aloud by the instructor. Contrasting scores on the two Listening Comprehension sections provides the opportunity to observe whether listening comprehension difficulties, for particular students, are a function of listening difficulties in general, linked to the specific speaker (one's own teacher versus speakers on the tape), or related to the need for additional repetitions of the listening passage.

The instructions for the listening portion of the test may be found with the **Listening Comprehension Tapescript** as well as with the **Answer Key and Scoring Recommendations** for the chapter tests.

Structures (approximately 50%)

The second component of each chapter test highlights the structures presented in the chapter. The **Structures** section focuses on the most important and high frequency grammatical points presented in the chapter. Often several grammar points are combined in one activity rather than lengthening the examination by having a separate exercise on each point. The format of exercises varies greatly, but a direct and clear approach is emphasized.

Pratique (approximately 25%)

The final component of each chapter test is the **Pratique** section. As in the textbook, activities in the **Pratique** section are open-ended and may range from sentence completions to short paragraphs on topics related to the chapter theme. It is primarily in this final section that students are given the opportunity to personalize their responses and to express their opinions.

Answer Key and Scoring Recommendations for Chapter Tests

An answer key is provided for each chapter test. The answer key includes all those exercises for which there is only one correct answer. In the case of multiple possible answers, sample answers have been included. For the more open-ended **Pratique** activities there is no answer key, but recommendations are provided for scoring the activity, taking into account both form and meaning. The scoring recommendations are offered (for all sections) as suggestions only and reflect the following approximate balance: **Activités de Compréhension** (25%), **Structures** (50%), and **Pratique** (25%). Each chapter test totals a suggested 100 points to facilitate scoring.

Chapter Quizzes and Diagnostic Tests *(Interrogations)*

Chapter Quizzes

To allow for an increased amount of flexibility in testing, in addition to the chapter tests described in the preceding section, each chapter also offers a chapter quiz *(Interrogation)*. The chapter quiz differs from the chapter test in both format and length. Each chapter quiz is composed of only two sections, **Structures** and **Pratique** and is designed to be administered within a thirty-minute time frame. All of the grammatical points of the chapter are combined in one **Structure** section using a "cloze" passage format. This format consists of one or more contextualized paragraphs for which students must fill in the blanks using the vocabulary and structures presented in the chapter. An effective testing strategy, the cloze format requires students to demonstrate understanding of meaning as well as form. A list of possible elements is provided from which students may choose in order to complete the paragraph(s). The **Pratique** section of the quiz represents an opportunity for more open-ended student responses. The format ranges from personalized questions to selected essay topics (8–10 sentences) based on chapter themes.

Diagnostic Tests

The range of student foreign language experiences and the diversity in foreign language preparation of students entering an intermediate level French language program are one of the key challenges facing an instructor. It would, for example, be helpful to know, when beginning a new chapter, whether or not students have a working understanding of the various concepts to be presented, a somewhat vague idea of the structures, or whether the concepts are totally new and need to be presented as if for the first time. It also helps the instructor to know which structures or functions of the chapter may need more time and which others may need less emphasis and explanation but perhaps more practice.

In response to this need, the *Interrogations* have been designed to serve alternatively as diagnostic tests at the beginning of each chapter. On the first day of the new chapter, the instructor may choose to give the *Interrogation* in order to identify the strengths of a particular class as well as the areas that will need additional explanation and attention. Using the results for diagnostic purposes rather than for grades, a more clear understanding of the needs of each class may be determined and priorities set for class time to reflect these needs.

When using the *Interrogations* as diagnostic tests, the instructor may choose to provide or not provide the list of elements to complete the paragraph(s). Multiple correct answers are possible, as long as they are accurate and logically meaningful within the context of the paragraph. It is recommended that a specific time limit be set when using the quizzes as diagnostic tests. The goal is to determine with which structures and functions students have some ease and familiarity. If students are unable to complete the diagnostic test within a set time limit (for example: thirty minutes) then that fact is an important part of the feedback an instructor should receive. In that case, it will be clear that although students may have seen the structures before, their familiarity is limited enough to merit a full presentation, explanation, and practice in class.

Answer Key and Scoring Recommendations for *Interrogations*

An answer key is provided for the **Structures** section of the chapter quizzes / diagnostic tests, but it is important to understand that there may be more than one correct answer for some items. Answers are not provided for the open-ended **Pratique** section, but recommendations are made for scoring.

LISTENING COMPREHENSION SCRIPT

Introduction

The listening comprehension activities in the *Examens* are generally drawn from either the **Lab Tape Program** (for *Examens A*) or the **Intervision** video (for *Examens B*) that accompany **Interaction**. The complete scripts for the listening comprehension activities for *Examens A* are reproduced here. The scripts for the listening comprehension activities for *Examens B* are found in the separate **Videoscript**.

The **Questions personnelles** are to be read by the instructor. Most of the other activities can be either read by the instructor or played on tape.

Chapitre 1

Examen A

A. Pour préparer un repas. (Tape Program **Chapitre 1, Activités de compréhension Ex. A**)

    MARC: Anne-Marie, je suis un excellent chef de cuisine et je vais t'inviter à un dîner mémorable chez moi ce soir.

    ANNE-MARIE: Tu prépares un grand repas pour nous? Je ne résiste pas.

    MARC: Bon. Mais d'abord nous allons être obligés d'aller au supermarché. J'ai besoin de beaucoup de provisions.

    ANNE-MARIE: C'est un repas traditionnel?

    MARC: Traditionnel? Oui et non. Le menu est traditionnel, mais la préparation est originale! Pour commencer, je vais faire une soupe à l'oignon. Ensuite nous allons manger un peu de quiche au jambon.

    ANNE-MARIE: J'ai justement une bouteille de vin blanc pour accompagner ça.

    MARC: Un excellent choix, mademoiselle, car je vais aussi préparer un poulet rôti.

    ANNE-MARIE: Avec des haricots verts au beurre?

    MARC: Non, non. Je préfère les pommes de terre et, après le poulet, une salade verte, du fromage et des fruits.

    ANNE-MARIE: Hmm! Allons tout de suite au supermarché. Je vais t'aider à préparer ce repas.

    MARC: Je ne refuse pas.

B. A la boulangerie-pâtisserie. (Tape Program **Chapitre 1, Structures Ex. F**)

    M. JACQUES: Bonjour, mademoiselle.

    CHRISTINE: Bonjour, Monsieur Jacques. Mme Jacques et les enfants ne <u>travaillent</u> pas au magasin aujourd'hui?

M. JACQUES: Bien sûr, mais Mme Jacques <u>prépare</u> des pâtisseries en ce moment, et les enfants <u>font</u> des courses. Le samedi nous <u>avons</u> besoin de beaucoup de mains.

CHRISTINE: Eh bien, j'<u>ai</u> besoin d'un grand pain et d'une baguette, s'il vous plaît.

M. JACQUES: Voilà, mademoiselle, un grand pain et une baguette. Et avec ça?

CHRISTINE: J'<u>ai</u> envie d'acheter des croissants pour le petit déjeuner de demain. Ils sont <u>frais</u>?

M. JACQUES: Ah oui, mademoiselle. Mais si c'<u>est</u> pour manger demain, <u>enveloppez</u> les croissants dans un plastique.

CHRISTINE: C'est une bonne idée. <u>Donnez</u>-moi donc quatre croissants.

M. JACQUES: Voilà, mademoiselle. Vous <u>aimez</u> les pâtisseries? Elles sont bien fraîches!

CHRISTINE: Tout ça <u>est</u> délicieux, bien sûr; mais je <u>résiste</u> à la tentation. Non, c'est tout pour aujourd'hui. Je <u>pense</u> qu'il y <u>a</u> de la place dans mon filet pour les croissants, la baguette et le grand pain. Au revoir, Monsieur Jacques. Bonjour à Mme Jacques.

M. JACQUES: Merci. Au revoir, mademoiselle.

Chapitre 2

Examen A

A. La France et l'Amérique. (Tape Program **Chapitre 2, Activités de compréhension Ex. L**)

BEATRICE: Christine, je dois finir mon exposé sur la vie des jeunes en Amérique pour le cours de civilisation américaine. Veux-tu m'aider un peu?

CHRISTINE: Bien sûr, Béatrice. Est-ce que tu réfléchis à ça depuis longtemps?

BEATRICE: Depuis assez longtemps, oui. Mais je me rends compte que les bouquins ne répondent pas vraiment à mes questions. Par exemple, les élèves américains doivent-ils se présenter à un examen national, comme en France, s'ils veulent faire des études universitaires?

CHRISTINE: Aux Etats-Unis, il n'y a pas d'examen comme le bac français. Même si nous recevons un diplôme, nous ne pouvons pas entrer automatiquement à l'université.

BEATRICE: Alors, si je comprends bien, il n'y a pas de bac chez vous mais vous recevez un diplôme qui marque la fin des cours de «high school».

CHRISTINE: Voilà. Ensuite, il faut se débrouiller pour trouver une université, et ce n'est pas toujours facile.

BEATRICE: J'ai l'impression qu'en France nous nous inquiétons surtout avant la fin du lycée et qu'en Amérique vous vous inquiétez après.

CHRISTINE: Je crois que tu as raison.

B. Questions personnelles.

1. A quelle heure est-ce que vous vous levez pendant la semaine?

2. Est-ce que vous avez souvent le trac?

3. Est-ce que vous vous entendez bien avec les profs?

4. Est-ce que vous vous débrouillez bien aux examens?

5. Depuis quand est-ce que vous étudiez le français?

Chapitre 3

Examen A

A. **Le mercredi de Bruno.** (Tape Program **Chapitre 3, Activités de compréhension Ex. K**)

   CHRISTINE: Tu as congé demain, mercredi? Qu'est-ce que tu vas faire?

   BRUNO: Je vais retrouver mon copain Félix à dix heures au parc, et puis nous allons descendre en ville.

   CHRISTINE: Est-ce qu'il y a beaucoup de choses à faire en ville?

   BRUNO: Ah, oui. Félix a besoin d'un nouveau vélo, et nous allons regarder les derniers modèles dans les grands magasins.

   CHRISTINE: Un vélo? C'est une grosse dépense. Il doit avoir beaucoup d'argent, ton copain.

   BRUNO: Il reçoit une centaine de francs par mois de ses parents. Mais c'est son père qui achète le vélo.

   CHRISTINE: Ah, bon. Qu'est-ce que vous allez faire ensuite?

   BRUNO: Nous allons nous arrêter à la Maison des jeunes où il y a un cinéma et une patinoire. C'est vraiment chouette!

   CHRISTINE: Tu ne t'ennuies jamais?

   BRUNO: Jamais. Comme dit toujours notre père—je prends mes loisirs au sérieux.

   CHRISTINE: Tu as raison. Et moi aussi, j'aime bien m'amuser. C'est une caractéristique dans notre famille.

B. **La publicité à la radio.** (Adapted from Tape Program, **Chapitre 3, Structures Ex. I**; the numbers have been changed. The instructor reads the following passage aloud three times. The *answers* are underlined.)

— «Tout pour l'Audio et Vidéo», cette semaine, vous propose des prix imbattables. Du premier au sept février, des prix imbattables. Par exemple, une chaîne stéréo avec un prix d'origine de <u>2 432</u> francs est maintenant soldée à <u>1 999</u> francs, ensuite un walkman qui était à <u>325</u> francs est maintenant soldé à <u>275</u> francs, ensuite une machine à écrire à <u>1 765</u> francs est maintenant à <u>1 588</u> francs, ainsi qu'un disque compact à <u>125</u> francs soldé à <u>95</u> francs et ensuite, pour finir, un lecteur laser à <u>2 125</u> francs est soldé à <u>1 850</u> francs. Alors n'hésitez pas, courez tous à la Villette, nous sommes ouverts tous les jours de dix heures jusqu'à vingt-deux heures, et en nocturne, le vendredi et le samedi jusqu'à 24 heures. N'hésitez-pas, courez vite. Je répète, «Tout pour l'Audio et Vidéo», 1, place de la Villette.

Chapitre 4

Examen A

A. La télé américaine. (Tape Program **Chapitre 4, Activités de compréhension Ex. A**)

CATHERINE: Laurent, as-tu souvent regardé la télé pendant l'année que tu as passée aux Etats-Unis?

LAURENT: Quand je suis arrivé à Chicago, j'ai pris la décision de passer au moins une heure chaque jour devant la télé. Je suis allé tout de suite acheter une télé en couleurs, je me suis installé devant le poste et je suis resté là pendant cinq heures.

CATHERINE: Est-ce que la télévision américaine t'a plu? Tu as sûrement découvert des émissions assez différentes et même bizarres pour un Français.

LAURENT: Il y a beaucoup de choses qui m'ont intéressé, bien sûr. J'ai surtout apprécié la grande variété des émissions qui passent à la télé.

CATHERINE: Comment as-tu trouvé la qualité des émissions en général?

LAURENT: Eh bien, j'ai toujours pu trouver une émission à regarder, même si j'ai dû changer de chaîne plusieurs fois.

CATHERINE: Et est-ce que tu as appris quelque chose?

LAURENT: Ah oui! Pour un Français, la télé est un excellent moyen d'apprendre l'anglais, même si quelquefois c'est un drôle d'anglais.

B. Questions personnelles.

Le week-end dernier...

1. Etes-vous sorti(e) avec des amis?
2. Est-ce que vous êtes allé(e) au cinéma?
3. A quelle heure est-ce que vous vous êtes levé(e)?
4. Est-ce que vous avez fait des courses?

Samedi après-midi...

5. Qu'est-ce que vous avez fait pour vous amuser?

Chapitre 5

Examen A

A. Corinne à Paris. (Tape Program **Chapitre 5, Activités de compréhension Ex. A**)

JULIEN: Corinne, je ne savais pas que tu étais allée à Paris le mois dernier.

CORINNE: Eh, oui. Il y avait une exposition d'art moderne que je voulais voir. J'ai décidé de passer quelques jours là-bas avec des amis.

JULIEN: Qu'est-ce que tu as fait pour t'amuser?

CORINNE: Oh, il y avait beaucoup à faire, tu sais. Le matin, je me levais assez tôt et j'allais au jardin du Luxembourg où je lisais mon journal. Je passais l'après-midi dans les musées ou dans les magasins. Le soir, nous allions au cinéma ou au théâtre.

JULIEN: Il me semble que tu avais l'intention de voyager en Normandie. As-tu pu le faire?

CORINNE: J'avais déjà pris la décision de partir en Normandie quand ma voiture est tombée en panne à Paris. Elle est restée au garage pendant trois jours, et je n'ai pas pu faire mon petit voyage.

JULIEN: Heureusement. Tu as eu de la chance de ne pas tomber en panne sur la route.

CORINNE: C'est vrai. Et j'ai pu rester plus longtemps à Paris.

Chapitre 6

Examen A

A. **Les amateurs de cinéma.** (Tape Program **Chapitre 6, Activités de compréhension Ex. A**)

CHRISTINE: Tu aimes le cinéma, Philippe?

PHILIPPE: Moi, je suis un grand amateur de films. J'adore particulièrement le cinéma italien. Et toi?

CHRISTINE: Je ne suis pas vraiment cinéphile.

PHILIPPE: Mais quel genre de film préfères-tu? Qu'est-ce qui t'amuse au cinéma? Vas-tu voir un film parce qu'il y a une vedette qui séduit le public?

CHRISTINE: Jamais. Je déteste les superproductions. J'attends les films d'un bon metteur en scène comme Claude Lelouch ou Alain Resnais.

PHILIPPE: Est-ce que tu retournes souvent voir le même film?

CHRISTINE: Oui, si c'est un film classique. Pourquoi poses-tu la question?

PHILIPPE: Parce qu'il y a en ce moment au ciné-club de l'université des films de François Truffaut.

CHRISTINE: De quels films s'agit-il?

PHILIPPE: De tous ses films. C'est un festival Truffaut!

B. **Questions personnelles.**

1. Qu'est-ce que vous faites, d'habitude, le samedi matin?

2. Depuis quand est-ce que vous êtes étudiant(e) ici?

3. A quelle heure est-ce que vous vous levez le matin?

4. A qui est-ce que vous avez parlé le week-end dernier?

5. De quoi avez-vous besoin cette semaine?

Chapitre 7

Examen A

A. Le voyage extraordinaire de Marie-France. (Tape Program **Chapitre 7, Activités de compréhension Ex. A**)

ERIC: La voilà! Comment vas-tu? Je ne savais pas que tu étais déjà revenue des Etats-Unis.

MARIE-FRANCE: Mais oui. Je suis allée passer un mois à New York avec des amis.

ERIC: As-tu fait un bon voyage?

MARIE-FRANCE: Ne m'en parle pas. Imagine-toi que toutes les catastrophes possibles me sont arrivées. Moi, qui avais pris un billet aller et retour sur Air France, un vol en direct, pour ne pas courir de risques!

ERIC: Mais raconte-moi ce qui s'est passé!

MARIE-FRANCE: D'abord, quand j'ai atterri à New York, je n'ai pas trouvé ma valise. On l'avait envoyée à Los Angeles!

ERIC: Comment t'es-tu débrouillée?

MARIE-FRANCE: Eh bien, j'ai porté des jeans et le T-shirt d'une copine américaine pendant deux jours avant de pouvoir réclamer mes bagages.

ERIC: Et le reste du séjour? Parle-m'en un peu.

MARIE-FRANCE: La première voix que j'ai entendue était celle d'une femme qui annonçait au haut-parleur: «Attention. Attention. Le vol Air France, numéro 56 à destination de Paris, est annulé».

ERIC: Est-ce que ton avion a enfin décollé?

MARIE-FRANCE: Celui-là? Non. Mais, celui dans lequel nous sommes finalement montés était bien plus agréable, et il n'y a pas eu d'autres problèmes.

ERIC: Heureusement pour toi!

B. Comment voyagent-ils? (Tape Program **Chapitre 7, Vocabulaire actif Ex. B**)

MODELE   YOU HEAR   Rita achète souvent des carnets.
              YOU MARK   bus, métro

1. Claudine a acheté un billet aller-retour.

2. Mes parents ont composté leurs billets.

3. Guy et Lucienne ont enregistré leurs valises.

4. Henri est allé à la gare.

5. Nous sommes presque arrivés. Je vois la piste.

6. Pour signaler, il faut appuyer sur le bouton.

7. Je préfère louer une couchette.

8. Etienne a pris un rapide pour me rendre visite.

9. Je cherche un plan pour vérifier notre destination.

10. Heureusement le vol est arrivé à l'heure.

Chapitre 8
Examen A

A. L'importance du bac. (Tape Program **Chapitre 8, Activités de compréhension Ex. A**)

MARC: Dominique, explique-moi quelque chose. Qu'est-ce qu'il a fallu que tu fasses pour être acceptée à l'université en France?

DOMINIQUE: Eh bien, avant que les élèves de lycée puissent s'inscrire définitivement dans une université, ils doivent normalement être reçus au bac.

MARC: Et toi, quel bac as-tu passé?

DOMINIQUE: Moi, j'ai préparé la série économique et sociale. Mais enfin j'ai décidé de faire une spécialisation en anglais quand je me suis inscrite à l'université.

MARC: As-tu trouvé les épreuves du bac difficiles?

DOMINIQUE: Bien que ces examens ne soient jamais faciles, j'avais bien bachoté en terminale et j'ai eu une moyenne de quatorze virgule cinq à l'épreuve écrite. Ça veut dire que j'ai été reçue tout de suite.

MARC: Qu'est-ce qui se passe si on n'a pas une assez bonne note?

DOMINIQUE: On peut se rattraper en passant l'oral, pourvu qu'on ait eu une moyenne entre huit et dix à l'écrit.

MARC: Est-ce qu'il est normal que beaucoup de gens ratent leur bac?

DOMINIQUE: Il y a environ vingt-cinq pour cent des candidats qui ratent le bac. Ce chiffre est surprenant, mais beaucoup réussissent l'année suivante.

MARC: Après le bac, qu'est-ce qu'on doit faire?

DOMINIQUE: On se rend à l'université. On présente son dossier, on choisit une spécialisation et on s'inscrit. C'est tout.

B. Questions personnelles.

1. Aimez-vous le contrôle continu des connaissances? Justifiez votre réponse.

2. Est-ce que les frais d'inscription sont élevés dans votre université?

3. Est-ce que vous vous entendez bien avec votre conseiller?

4. Pensez-vous que la plupart des étudiants aient de bons rapports avec leurs professeurs?

5. Croyez-vous que les étudiants américains soient assez sérieux en ce qui concerne leurs études? Justifiez votre réponse.

Chapitre 9

Examen A

A. Les anciennes colonies de la France. (Tape Program **Chapitre 9, Activités de compréhension Ex. K**)

NATHALIE: Je viens de répondre à tes questions sur les universités américaines. Me permets-tu de t'interroger maintenant sur la France?

ANDRE: Bien sûr. Qu'est-ce que tu veux savoir? J'espère pouvoir t'aider à comprendre mon pays.

NATHALIE: Depuis que je suis en France, j'ai remarqué qu'il y a un assez grand nombre d'Arabes et de Noirs. D'où viennent-ils?

ANDRE: Tu sais que la France a eu de très importantes colonies partout dans le monde, surtout en Afrique du Nord, en Afrique Noire et aux Antilles. Aujourd'hui, elle n'a plus de colonies, mais son influence continue à se manifester dans ces pays.

NATHALIE: Mais pourquoi les habitants de ces anciennes colonies viennent-ils ici, en France?

ANDRE: D'abord, il y a les étudiants qui sont ici pour apprendre une profession et qui retournent ensuite dans leurs pays. Mais la grande majorité des gens sont venus chercher du travail en France.

NATHALIE: Quelle langue parlent-ils?

ANDRE: Chez les étudiants, il n'y a pas de problème puisqu'ils sont habitués à employer le français dans les cours universitaires chez eux. Pour les autres, la culture et la langue françaises présentent souvent des obstacles, surtout au moment d'arriver en France.

NATHALIE: Est-ce que ces gens trouvent facilement du travail?

ANDRE: Malheureusement, non. Souvent, ils restent assez peu de temps en France et rentrent chez eux.

NATHALIE: Je voudrais mieux connaître le rôle que jouent ces pays dans la politique en France.

B. Questions personnelles.

1. Y a-t-il des étudiants étrangers dans votre université? D'où viennent-ils?

2. Est-ce qu'il y a beaucoup d'étrangers qui viennent chercher du travail aux Etats-Unis? De quels pays sont-ils?

3. Quelles sont les régions des Etats-Unis où il y a un héritage culturel français?

4. Dans quelles circonstances avez-vous eu l'occasion de parler français avec des personnes francophones?

5. Quels pays francophones se trouvent à proximité des Etats-Unis?

Chapitre 10

Examen A

A. Dans une agence de voyage. (Tape Program **Chapitre 10, Activités de compréhension Ex. A**)

MIREILLE: Bonjour, monsieur. C'est bien ici que je pourrais me renseigner sur les prix et les horaires?

AGENT: Oui, mademoiselle. Pourrais-je vous rendre service?

MIREILLE: Pour le moment, je sais que je devrai me trouver à Bruxelles le vingt août pour un vol aux Etats-Unis. Mais je n'ai pas encore décidé s'il vaut mieux prendre le train ou l'avion pour me rendre en Belgique.

AGENT: Si vous avez une carte d'étudiant, vous pourrez bénéficier d'un tarif réduit, quel que soit le moyen de transport.

MIREILLE: Alors, pourriez-vous me calculer le prix de l'aller simple, Montpellier–Bruxelles, par le train et ensuite le prix du même trajet en avion?

AGENT: Bien sûr, mademoiselle. Mais si vous preniez le train, vous arriveriez à Paris, gare de Lyon. Ensuite, il vous faudrait vous rendre à la gare du Nord pour continuer jusqu'à Bruxelles. Avec l'avion, ce serait moins compliqué et plus rapide, bien entendu.

MIREILLE: Franchement, j'aurai déjà tellement voyagé en France avant mon départ pour Bruxelles que le moyen de transport m'est égal. Je voudrais surtout trouver un prix intéressant.

AGENT: Entendu. Je vous préparerai tout de suite les deux itinéraires et les prix. Ensuite, vous les comparerez et vous déciderez.

B. Questions personnelles.

1. Où passerez-vous vos vacances d'été?

2. S'il ne pleut pas ce week-end, que ferez-vous?

3. Que ferez-vous quand vous aurez terminé vos études?

4. Qu'est-ce que vous changeriez si vous étiez président(e) de cette université?

5. Qu'est-ce que vous auriez fait si vous n'étiez pas allé(e) à l'université?

VOCABULARY CHOICES FOR INTERROGATIONS STRUCTURES

For the first fill-in-the-blank exercise in each *Interrogation,* under the heading **Structures**, instructors may choose between two formats:
• the exercise preceded by a list of vocabulary choices
• the exercise without a list of vocabulary choices

The list of choices for each chapter is given here, so that instructors may decide whether or not to include it for the students' reference.

Chapitre 1   INTERROGATION

Structures

Complétez les paragraphes suivants en choisissant des éléments de la liste. Chaque élément peut être utilisé plus d'une fois.

un / une / de	acheter	habiter	il y a
le / la / les / l'	aimer	manger	voilà
du / de la / de l' / des / de	aller	oublier	
	s'appeler	payer	
	avoir	préférer	
	être	retourner	
	faire		

Chapitre 2   INTERROGATION

Structures

Complétez les paragraphes suivants en choisissant des éléments de la liste. Chaque élément peut être utilisé plus d'une fois.

avoir	devoir	choisir	depuis
avoir besoin (de)	pouvoir	finir	
avoir envie (de)	savoir	obéir	
avoir mal à la tête	voir	réfléchir	
avoir peur (de)	vouloir		
être à l'heure	s'amuser	attendre	ne… jamais
être en train (de)	s'arrêter	descendre	ne… pas encore
	se coucher	répondre	ne… plus
	se dépêcher		
	se détendre		
	s'entendre		
	s'habiller		
	se lever		
	se parler		
	se réveiller		
	se voir		

xxi

Chapitre 3 INTERROGATION

Structures

Complétez les paragraphes suivants en choisissant des éléments de la liste. Chaque élément peut être utilisé plus d'une fois.

ce / cette / ces	S'appeler / c'est / il est / elle est / ils sont	moins de
leur / leurs	finir	moins… que
son / sa / ses	partir	plus… que
	se servir	beau
	sortir	bon
	venir	content
		heureux
		important
		loyal
		sportif

Chapitre 4 INTERROGATION

Structures

Complétez le paragraphe suivant en choisissant des éléments de la liste. Chaque élément peut être utilisé plus d'une fois.

allumer	louer
casser	manquer
chercher	passer
choisir	se passer
se coucher	penser
décrire	regarder
se dépêcher	rentrer
devoir	répondre
essayer	retourner
s'installer	venir

Chapitre 5 INTERROGATION

Structures

Complétez les paragraphes suivants en choisissant des éléments de la liste. Chaque élément peut être utilisé plus d'une fois.

aimer	dîner	se lever	regarder
aller	dormir	lire	rencontrer
arriver	s'endormir	monter	rentrer
se coucher	être	parler	se reposer
décider	faire	penser	se sentir
descendre	s'installer	prendre	servir
devenir	jouer	se présenter	vouloir

Chapitre 6   INTERROGATION

Structures

Complétez les paragraphes suivants en choisissant des éléments de la liste. Chaque élément peut être utilisé plus d'une fois.

à quelle heure	quel
comment	que
est-ce que	qui
lequel	qu'est-ce que
où	qu'est-ce qui
quand	

Chapitre 7   INTERROGATION

Structures

Complétez les paragraphes suivants en choisissant des éléments de la liste. Chaque élément peut être utilisé plus d'une fois.

le / la / les / l'	moi
y	lui
en	leur
celui	nous
le mien	vous
le sien	eux

Chapitre 8   INTERROGATION

Structures

Complétez les paragraphes suivants en choisissant des éléments de la liste. Chaque élément peut être utilisé plus d'une fois.

avoir	étudier	passer
choisir	faire	pouvoir
croire	s'inscrire	réussir
écrire	lire	savoir
être	obtenir	tenir

Chapitre 9 INTERROGATION

Structures

Complétez les paragraphes suivants en choisissant des éléments de la liste. Chaque élément peut être utilisé plus d'une fois. Notez que certains blancs ne doivent pas être remplis.

ce qui	à / au / aux	donner
dont	chez	étudier
lequel	dans	faire
que	de	
qui	en	
	par	
	pendant	

Chapitre 10 INTERROGATION

Structures

Complétez les paragraphes suivants en choisissant des éléments de la liste. Chaque élément peut être utilisé plus d'une fois.

acheter	coûter	partir
aimer	demander	pouvoir
aller	dormir	prendre
s'amuser	envoyer	préparer
arriver	être	se reposer
avoir	faire	téléphoner
se baigner	s'offrir	vouloir
consulter		

Interrogations / Examens

NOM _____ COURS _____

Chapitre 1

INTERROGATION

Structures

Complétez les paragraphes suivants par les structures convenables.

Jim, _____ étudiant américain qui _____ passer _____ année en France, _____ un appartement avec _____ camarade de chambre français qui _____ Sébastien. Mais aujourd'hui _____ un problème. Jim et Sébastien n' _____ pas _____ provisions à la maison. Jim _____ le supermarché, mais Sébastien _____ _____ petits commerçants du quartier. Selon Jim, dans les supermarchés, il y a beaucoup _____ variété, _____ prix _____ raisonnables et on _____ par chèque ou avec _____ carte de crédit. Sébastien, par contre, _____ toujours le marché chez les petits commerçants. Il _____ certain que _____ qualité des produits est supérieure dans les petits magasins.

Alors, qu'est-ce qu'ils _____ faire? «_____!», dit Jim. «Nous _____ des provisions aujourd'hui chez _____ petits commerçants et _____ semaine prochaine, nous _____ au Géant Casino.» Puis, il ajoute: «Sébastien, _____ chercher _____ filet et n' _____ pas ce que nous _____ ici à l'appartement.» Sébastien accepte la proposition de Jim, et les deux garçons _____ les provisions pour le week-end. Ils _____

Chapitre 1 **1**

_____ steaks, _____ eau minérale, _____ salade, un morceau _____ fromage, beaucoup _____ fruits et bien sûr _____ pâtisseries. Ils _____ à la maison où ils préparent _____ repas extraordinaires.

Pratique

Répondez aux questions suivantes.

1. Où est-ce que vous faites le marché?

   _____

2. Qu'est-ce que vous y achetez souvent?

   _____

3. Qu'est-ce que vous mangez souvent le soir? Et quand il y a un repas spécial?

   _____

   _____

NOM _____ COURS _____

Chapitre 1

EXAMEN A

Activités de compréhension

A. Pour préparer un repas. Ecoutez attentivement la conversation entre Anne-Marie et Marc. Ensuite, indiquez si les phrases suivantes sont vraies ou fausses en écrivant un «V» ou un «F» devant chaque phrase. (*10 points*)

1. _____ Marc aime faire la cuisine.

2. _____ Anne-Marie résiste à la tentation d'aller au supermarché avec Marc.

3. _____ Anne-Marie va apporter une bouteille de vin pour le dîner.

4. _____ Marc va préparer des haricots verts au beurre.

5. _____ Anne-Marie va aider Marc à préparer le dîner.

B. A la boulangerie-pâtisserie. Ecoutez attentivement la conversation entre M. Jacques et Christine. Ensuite complétez le dialogue en écrivant les mots qui manquent. (*15 points*)

M. JACQUES: Bonjour, mademoiselle.

CHRISTINE: Bonjour, Monsieur Jacques. Mme Jacques et les enfants ne _____ pas au magasin aujourd'hui?

M. JACQUES: Bien sûr, mais Mme Jacques _____ des pâtisseries en ce moment, et les enfants _____ des courses. Le samedi nous _____ besoin de beaucoup de mains.

CHRISTINE: Eh bien, j' _____ besoin d'un grand pain et d'une baguette, s'il vous plaît.

M. JACQUES: Voilà, mademoiselle, un grand pain et une baguette. Et avec ça?

CHRISTINE: J' _____ envie d'acheter des croissants pour le petit déjeuner de demain. Ils sont _____ ?

M. JACQUES: Ah oui, mademoiselle. Mais si c' _____ pour manger demain, _____ les croissants dans un plastique.

CHRISTINE: C'est une bonne idée. _____ -moi donc quatre croissants.

M. JACQUES: Voilà, mademoiselle. Vous _____ les pâtisseries? Elles sont bien fraîches!

CHRISTINE: Tout ça _____ délicieux, bien sûr; mais je _____ à la tentation. Non, c'est tout pour aujourd'hui. Je _____ qu'il y _____ de la place dans mon filet pour les croissants, la baguette et le grand pain. Au revoir, Monsieur Jacques. Bonjour à Mme Jacques.

M. JACQUES: Merci. Au revoir, mademoiselle.

Structures

C. Jean-Luc et Etienne préparent un dîner pour leurs amis. Complétez la conversation suivante par la forme convenable du verbe entre parenthèses. (*26 points*)

JEAN-LUC: Avant de préparer le dîner, nous _____ (avoir) besoin d'aller au supermarché.

ETIENNE: D'accord. _____ (préparer / nous) la liste de provisions. Est-ce que tu _____ (préférer) servir du bœuf ou du poulet à nos invités?

JEAN-LUC: _____ (acheter / nous) du poulet. Le bœuf _____ (coûter) trop cher.

ETIENNE: C'est vrai. Qu'est-ce que tu _____ (penser) préparer comme légumes? N' _____ (oublier / tu) pas que je _____ (détester) les haricots.

JEAN-LUC: Je _____ (aller) préparer des petits pois. Madeleine et Philippe _____ (aller) apporter une baguette et des fruits.

ETIENNE: Très bien et, tu sais, je _____ (être) presque sûr que c'est l'anniversaire de Philippe samedi. Qu'est-ce que nous _____ (faire) pour fêter son anniversaire?

JEAN-LUC: J' _____ (espérer) avoir assez d'argent pour un gâteau au chocolat.

ETIENNE: Excellente idée! Allons au supermarché cet après-midi.

D. Ce paragraphe traite des habitudes culinaires des Français. Complétez-le en employant un article défini (**le, la l', les**), un article indéfini (**un, une, des, de**) ou un partitif (**du, de la, des, de**). Faites les contractions nécessaires avec **à** ou **de**. (*28 points*)

_____ cuisine française est assez différente de la cuisine américaine. Pour commencer, _____ Français mangent beaucoup _____ légumes frais qu'ils achètent _____ marché. Il y a presque

NOM _____ COURS _____

toujours _____ pommes de terre au menu, parce que les Français sont, après tout, les inventeurs _____ frites. Nous les mangeons avec des hamburgers; les Français les mangent avec un bon steak. _____ pain est aussi très important et il y a toujours _____ baguette ou _____ croissants dans la maison française. Après le plat principal, on mange _____ salade. On achète _____ vin rouge ou blanc pour accompagner le repas ou peut-être _____ eau minérale. On termine souvent le repas avec _____ fromage ou _____ fruits.

E. Thomas et Edouard préparent l'appartement pour une fête. Ils font faire certaines choses par d'autres personnes. Faites des phrases à l'aide des éléments suivants. (*6 points*)

1. Thomas / faire / acheter des décorations

   _____

2. Edouard et Thomas / faire / préparer des hors-d'œuvre

   _____

3. On / faire / faire des tartelettes

   _____

Pratique

F. Projets importants. Qu'est-ce qu'on va faire la semaine prochaine? Complétez les phrases suivantes en employant la forme convenable du verbe **aller** + infinitif. (*15 points*)

La semaine prochaine…,

1. Je _____.

2. Mon (Ma) meilleur(e) ami(e) _____.

3. Mon professeur de français _____.

4. Mes amis et moi, nous _____.

5. Les étudiants de cette université _____.

NOM _____ COURS _____

Chapitre 1

EXAMEN B

Activités de compréhension

A. **Vidéoclip 3. Essayons un pantalon.** Encerclez la lettre **a**, **b**, ou **c** pour indiquer la bonne réponse. (*10 points*)

   1. Nous sommes dans
      a. une grande surface.
      b. un magasin de vêtements pour hommes.
      c. une chemiserie.

   2. Le vendeur montre au client
      a. un pantalon en velours.
      b. un jean fantaisie.
      c. un pantalon à carreaux.

   3. Le client
      a. dit au vendeur combien il mesure.
      b. donne au vendeur son tour de taille.
      c. fait du 42.

   4. Le jeune homme achète un pantalon
      a. à carreaux discrets.
      b. beige, triste.
      c. gris à pinces.

   5. A la caisse
      a. la jeune femme paie en espèces.
      b. la jeune femme donne sa carte de crédit.
      c. la jeune femme donne un chèque au vendeur.

B. **Vidéoclip 3. Achetons des chaussures.** Posez des questions logiques pour compléter les situations suivantes. Imitez les expressions du vidéoclip. (*15 points*)

   1. Au magasin de chaussures, vous désirez voir des chaussures dans d'autres couleurs. Vous demandez:

      —Vous avez _____ ?

   2. En France, on ne mesure pas les chaussures comme en Amérique du Nord. Vous demandez:

      —Vous avez les chaussures blanches _____ ?

   3. Dans la vitrine, le magasin annonce des réductions sur le prix des chaussures. Vous aimez bien une paire de chaussures noires, mais vous n'avez pas l'intention de payer le prix normal. Vous demandez à la vendeuse:

      —Est-ce que les chaussures noires _____ ?

Structures

C. Ma vie à l'université. Faites des phrases à l'aide des éléments suivants. (*6 points*)

1. je / dîner / souvent / au restaurant universitaire

   _____

2. mes amis / travailler / beaucoup

   _____

3. nous / se reposer / le samedi soir

   _____

4. on / manger / souvent de la pizza

   _____

5. mon (ma) camarade de chambre / habiter / …

   _____

6. tu / s'amuser / le week-end

   _____

D. Complétez le dialogue suivant par la forme convenable du verbe entre parenthèses. (*14 points*)

—Salut, Maryse. Nous _____ (faire) un pique-nique samedi. Tu _____ (être) libre?

—Bonjour, Jim. Oui, je _____ (être) libre. Où _____ -vous (aller)?

—Nous _____ (aller) au Parc du Thabor. Il y _____ (avoir) des tables, des pelouses; c'_____ (être) très beau.

—Vous _____ (être) à combien?

—Ah, nous _____ (être) à cinq, six avec toi. On y _____ (aller) dans la voiture de Sébastien.

—Qu'est-ce qu'on _____ (faire) dans ce parc?

—Pour s'amuser? Alors, moi, je _____ (aller) faire une promenade et les autres _____ (aller) faire une partie de volley, je crois. Tu _____ (aller) nous accompagner?

—Oui, oui, avec plaisir.

NOM _____   COURS _____

E. Sébastien indique aux autres ce qu'ils doivent faire pour préparer leur pique-nique. Complétez chaque phrase par la forme impérative convenable du verbe entre parenthèses. (6 points)

1. Maryse, _____ (aller) au supermarché et _____ (acheter) du jambon et du fromage.

2. Jim et Isabelle, _____ (apporter) du vin.

3. _____ (aller / nous) ensemble dans ma voiture.

4. Jim, n' _____ (oublier) pas le pain.

5. _____ (espérer / nous) qu'il va faire beau samedi.

F. C'est enfin le jour du pique-nique. Complétez la description en employant les articles convenables. (34 points)

Samedi, il fait très beau. Le groupe va au parc dans _____ voiture de Sébastien. Ils trouvent _____ table sous _____ jolis arbres. Ils vont manger _____ fromage, _____ salade et beaucoup _____ fruits parce que tout le monde adore _____ fruits. Jim apporte une bouteille _____ vin et _____ eau minérale, car Sébastien et Véronique ne prennent pas _____ vin. Les amis font _____ jeux, Sébastien fait _____ promenade et _____ temps passe vite. Le groupe décide de manger, tout le monde s'assied à _____ table qu'ils ont choisie. Mais quelle horreur! On a oublié _____ tire-bouchon (*corkscrew*, m.). Pas _____ tire-bouchon, pas _____ vin.

Pratique

G. **Le week-end prochain.** Qu'est-ce qu'on va faire le week-end prochain? Complétez les phrases suivantes en employant la forme convenable du verbe **aller** + l'infinitif. (*15 points*)

Le week-end prochain...,

1. Je _____.

2. Mon (Ma) camarade de chambre et moi, nous _____.

3. Mes parents _____.

4. Mon (Ma) meilleur(e) ami(e) _____.

5. Les professeurs de l'université _____.

NOM _____ COURS _____

Chapitre 2

INTERROGATION

Structures

Complétez les paragraphes suivants par les structures convenables.

Philippe Dumont _____ dix-huit ans. Il _____ aller à l'université. Comme c'est un élève sérieux, il _____ préparer l'examen du bac _____ des mois et il _____ à son avenir. Philippe _____ tôt le matin et _____ pour _____ au lycée. Le soir, il _____ de lire des bouquins, il _____ toujours ses devoirs et il _____ s'endort _____ avant minuit. Mais Philippe _____ aussi _____ de _____. Alors, de temps en temps, il _____ en ville avec ses amis. Là, il _____ d'autres amis et ils _____ s'asseoir à la terrasse d'un café et discuter ensemble.

Philippe, son frère Bruno et sa sœur Béatrice _____ bien ensemble, et ils _____ sans arrêt pendant les repas. Bruno _____ toujours faim. Quelquefois, il _____ manger trop vite, mais il _____ à ses parents quand ils lui disent de _____ un moment. Après les repas, Bruno _____ faire ses devoirs, mais il _____ aussi souvent _____ de regarder la télé. Normalement, il _____ vers dix heures.

Malheureusement pour elle, Béatrice _____ ce matin. D'habitude, elle _____ à toutes les questions en classe, mais aujourd'hui elle _____ de faire un exposé devant tout le monde pendant le cours d'anglais. Elle _____ est _____ au niveau du bac, mais si elle _____ une carrière dans le commerce, elle a encore plusieurs années d'études devant elle. Tous les jours, Béatrice _____ à sept heures et

_____ de la même façon: un jean et un tee-shirt. Puis, Béatrice se calme parce qu'elle _____ qu'elle va réussir son exposé.

Monsieur et Madame Dumont sont contents de leur famille. Mais Monsieur Dumont trouve quelquefois que la vie moderne est regrettable. «Nous _____ _____ seulement pendant les repas, nous _____ nous parlons presque _____ et nous _____ le week-end pour _____ _____», dit-il.

Pratique

Posez quatre questions aux différents membres de la famille Dumont sur leur vie de tous les jours. Formez toutes vos questions à l'aide d'**est-ce que** ou de l'inversion.

NOM _____ COURS _____

Chapitre 2

EXAMEN A

Activités de compréhension

A. La France et l'Amérique. Ecoutez attentivement la conversation entre Béatrice et Christine. Ensuite, indiquez si les phrases suivantes sont vraies ou fausses en écrivant un «V» ou un «F» devant chaque phrase. (*10 points*)

1. _____ Béatrice suit un cours de psychologie.

2. _____ Béatrice n'a pas trouvé les réponses à ses questions dans les livres.

3. _____ Il n'y a pas vraiment d'équivalent du bac français aux Etats-Unis.

4. _____ Aux Etats-Unis, le diplôme de «high school» est la garantie d'une place à l'université.

5. _____ Une fois admis au bac, les étudiants français ne s'inquiètent plus car ils peuvent automatiquement aller à l'université.

B. Questions personnelles. Répondez aux questions de votre professeur en écrivant des phrases complètes. (*15 points*)

1. _____
2. _____
3. _____
4. _____
5. _____

Structures

C. Complétez ce passage sur la famille en France à l'aide des termes suivants. (*30 points*)

aller	se détendre	se lever
se coiffer	devoir	manger sur le pouce
se coucher	dîner	regarder
se dépêcher	écouter	rentrer
descendre	s'habiller	se réveiller

En France, le matin, tous les membres de la famille _____ très tôt pour

commencer les activités de la journée. Les jeunes _____ et

_____ pour aller à l'école pendant que les parents _____

Chapitre 2 **13**

pour ne pas être en retard au travail. Très souvent, il n'y a pas d'autobus et les jeunes

_____ à l'école à pied. Comparés aux élèves américains, les jeunes Français

_____ assez tard, vers cinq heures ou cinq heures et demie.

La vie moderne est très chargée: on _____ donc au déjeuner et on

_____ ensemble le soir vers sept ou huit heures. Après le dîner, les membres de la

famille _____ la télé, _____ de la musique ou

_____ au parc ou au café. Les jeunes _____ toujours

travailler parce qu'ils ont des devoirs à faire. A la fin de la soirée, tout le monde _____

car il faut _____ tôt le matin pour tout recommencer. Le week-end, la famille peut

_____ un peu.

D. Vous discutez avec un(e) ami(e) de la façon dont différentes personnes réagissent face à certaines situations ou attitudes. Dites comment vous réagissez dans les cas suivants en utilisant des expressions idiomatiques avec **être** ou **avoir**. (*8 points*)

1. Vous vous trompez d'autobus pour aller à l'université en cours de mathématiques. Vous pensez:

   _____

2. Avec un(e) camarade de classe, vous passez une grande partie de la nuit à étudier pour un examen important. A deux heures du matin, vous dites à votre camarade:

   _____

3. Vous oubliez de faire vos devoirs d'anglais. Le professeur est absent et le cours est annulé. Vous pensez:

   _____

4. Vous retournez chez vous pour faire vos devoirs quand un(e) de vos ami(e)s vous téléphone pour vous inviter à dîner. Vous dites à votre ami(e):

   _____

E. Le (La) camarade de chambre que vous cherchez doit avoir certaines habitudes et qualités. En vous aidant des éléments proposés, préparez six questions à poser aux personnes qui veulent devenir votre camarade de chambre. (*12 points*)

se lever tôt / tard	aimer la musique rock / classique
se coucher tôt / tard	travailler
fumer	avoir une voiture
étudier beaucoup	faire la cuisine

NOM _____ COURS _____

1. _____
2. _____
3. _____
4. _____
5. _____
6. _____

Pratique

F. **La routine.** Comment se passe une journée typique pendant votre semaine? Ecrivez huit à dix phrases pour décrire votre journée. (*25 points*)

_____
_____
_____
_____
_____
_____
_____
_____
_____
_____

NOM _____   COURS _____

Chapitre 2

EXAMEN B

Activités de compréhension

A. Vidéoclip 4. La vie quotidienne. Encerclez la lettre **a**, **b**, ou **c** pour indiquer la bonne réponse. (*10 points*)

1. Etre propriétaire de son logement est
   a. une réalité pour 25% de la population seulement.
   b. plus facile depuis 10 ans à Paris.
   c. à l'heure actuelle presque impossible à Paris pour une famille aux revenus moyens.

2. Les HLM (habitations à loyer modéré) sont
   a. des maisons individuelles.
   b. des immeubles habités par des familles à revenus assez bas.
   c. réservées aux familles des travailleurs immigrés.

3. On préfère acheter une maison en banlieue
   a. parce que le prix du terrain est moins cher qu'au centre-ville.
   b. même si les impôts sont plus élevés.
   c. pour éviter d'avoir des voisins.

4. Pour se protéger des regards indiscrets du voisinage, les Français
   a. ont des maisons sans fenêtres.
   b. font pousser des haies.
   c. n'aiment pas les clôtures.

5. Quand on habite en appartement, on
   a. est toujours locataire.
   b. est quelquefois copropriétaire.
   c. n'est jamais obligé de partager des charges d'entretien de l'immeuble.

B. Vidéoclip 5. La vie quotidienne. Répondez aux questions suivantes par une ou deux phrases complètes. Inspirez-vous du vidéoclip. (*15 points*)

1. En général, comment le Français moyen passe-t-il sa journée? Combien d'heures passe-t-il à dormir, à travailler, à se détendre? Et vous?

   Le Français moyen _____

   _____

   _____. Et moi, je _____.

   _____.

2. Donnez trois exemples d'activités culturelles pratiquées par les Français en dehors de chez eux. Et vous? Quelles sont vos activités culturelles?

   Les Français _____

   _____.

   Et moi, je _____.

3. Faites une liste de trois activités de loisir qu'on peut faire sans quitter sa maison. Quelle est votre activité préférée? Pourquoi?

   Sans quitter sa maison, on peut _____

   _____.

   Moi, j'aime _____

   parce que _____.

Structures

C. **En cours de français.** Complétez chaque phrase par la forme convenable du verbe entre parenthèses. (*16 points*)

   1. Nous _____ (répondre) aux questions du professeur.

   2. Je _____ (finir) toujours mes devoirs.

   3. Tu _____ (rendre) toutes les dissertations.

   4. Les étudiants _____ (réussir) à tous les examens.

   5. Robert _____ (vendre) son manuel à la fin du semestre.

   6. Vous _____ (réfléchir) aux exercices.

   7. Le professeur _____ (finir) d'expliquer l'exercice.

   8. Nous _____ (attendre) les vacances.

D. La camarade de chambre d'Isabelle est loin d'être idéale. Mettez chacune des phrases suivantes à la forme négative pour exprimer les problèmes d'Isabelle avec sa camarade de chambre. (*10 points*)

   1. J'habite toujours avec ma meilleure amie.

   _____

   2. Nous nous parlons tout le temps.

   _____

   3. Lydie achète quelque chose pour l'appartement.

   _____

NOM _____ COURS _____

4. Tout le monde vient nous voir.

   _____

5. Lydie a une chaîne stéréo et un four à micro-ondes.

   _____

E. **La vie de tous les jours.** Complétez chaque phrase par la forme convenable du verbe entre parenthèses. (*12 points*)

   1. Sébastien _____ (se lever) tôt tous les jours.

   2. Nous _____ (s'amuser) le week-end.

   3. Véro et Isabelle _____ (s'entendre) bien.

   4. A quelle heure est-ce que tu _____ (se coucher)?

   5. Samedi soir, nous voulons _____ (se détendre).

   6. Est-ce que vous _____ (se reposer) un peu?

F. Voici une description du pique-nique de Sébastien et ses amis. Complétez la description par la forme convenable d'une des expressions idiomatiques avec **être** ou **avoir**. (*12 points*)

   1. Jim et Isabelle arrivent à onze heures juste pour retrouver Sébastien.

      Ils _____.

   2. Mais Véronique n'arrive qu'à onze heures vingt. Elle _____.

   3. Le pique-nique _____ au Parc du Thabor.

   4. Jim met un gros pull-over parce qu'il _____.

   5. Isabelle et Véronique prennent de l'eau minérale parce qu'elles _____.

   6. Le groupe fait une partie de volley et Sébastien _____ aux jambes.

Chapitre 2 **19**

Pratique

G. Un sondage. Préparez dix questions à poser aux différents étudiants de la classe au sujet de leur vie quotidienne. Formez toutes vos questions à l'aide d'**est-ce que** ou de l'inversion seulement. (*25 points*)

NOM _____ COURS _____

Chapitre 3

INTERROGATION

Structures

Complétez les paragraphes suivants par les structures convenables.

La vie des jeunes en France est assez différente de celle des jeunes Américains. Examinons la situation des Dumont. A l'âge de douze ans, Bruno a une journée _____ longue _____ la journée d'un élève américain. _____ cours _____ vers cinq heures, mais Bruno est _____ et il reste à l'école pour jouer au foot avec _____ amis. Le samedi il _____ de la maison pour faire du vélo avec _____ meilleur copain. Bruno ne _____ pas le soir parce qu'il a trop de travail. L'été, il est _____ de partir en vacances avec _____ famille, mais il est aussi _____ de revoir _____ copains en septembre. _____ vie lui plaît beaucoup.

   Béatrice a seize ans et elle _____ souvent avec _____ bande de copines. Elles vont regarder les vitrines des magasins. _____ leur distraction préférée. Mais elles achètent _____ vêtements que les jeunes filles américaines, car _____ chers. Béatrice ne _____ pas souvent du téléphone parce que _____ interdit par son père. Elle n'est pas toujours _____ quand on lui dit que le téléphone n'est pas utilisé pour s'amuser. Les copines de Béatrice ne _____ pas souvent chez elle. Béatrice retrouve _____ amies à la Maison des jeunes où un de _____ divertissements typiques est de danser. Les copines de Béatrice sont très _____ et elles seront probablement toujours de très _____ amies.

   Philippe termine le lycée et, pour lui aussi, les copains sont très _____. En France, les jeunes sortent _____ souvent en groupe _____

Chapitre 3   21

aux Etats-Unis. _____ passe-temps préférés sont le cinéma et le ski. Philippe ne possède pas sa propre voiture, mais il veut un jour avoir une _____ moto. _____ petite amie _____ Maryse. Ils vont souvent ensemble retrouver leurs copains au café. _____ divertissement ne coûte pas trop cher. Philippe et ses amis reçoivent _____ argent de poche de _____ parents. Pendant qu'ils sont à l'école, les Français travaillent _____ souvent _____ les jeunes Américains. _____ essentiel qu'ils étudient beaucoup.

Voilà la vie des enfants Dumont. _____ aussi compliquée que votre vie, n'est-ce pas?

Pratique

Un étudiant français vous demande de comparer la vie de «high school» à la vie universitaire aux Etats-Unis. Composez six phrases pour comparer ces deux styles de vie.

_____

_____

_____

_____

_____

_____

_____

_____

NOM _____   COURS _____

Chapitre 3

EXAMEN A

Activités de compréhension

A. Le mercredi de Bruno. Ecoutez attentivement la conversation entre Christine et Bruno. Ensuite, indiquez si les phrases suivantes sont vraies ou fausses en écrivant un «V» ou un «F» devant chaque phrase. (*10 points*)

1. _____ Bruno n'a pas cours mercredi.

2. _____ Bruno va chez son ami, Félix.

3. _____ Christine a besoin d'un nouveau vélo.

4. _____ C'est le père de Félix qui achète le vélo.

5. _____ A la Maison des jeunes, Bruno et Félix peuvent voir un film ou faire du patinage.

B. La publicité à la radio. Ecoutez attentivement la publicité à la radio. Ensuite, notez le prix des objets en solde ainsi que leur prix original. (*10 points*)

	Prix d'origine	Soldé(e) à
1. une chaîne stéréo	_____	_____
2. un walkman	_____	_____
3. une machine à écrire	_____	_____
4. un disque compact	_____	_____
5. un lecteur laser	_____	_____

Structures

C. Ecrivez des phrases complètes en employant les éléments donnés. (*10 points*)

1. nous / partir en vacances la semaine prochaine

   _____

2. ils / venir vendredi soir à 7h pour nous accompagner au cinéma

   _____

3. d'habitude, je / dormir tard le samedi matin

   _____

TOURNEZ S.V.P.

4. tu / sortir souvent le soir pendant la semaine?

   _____

5. la bibliothèque / ouvrir à 8h du matin pendant la semaine

   _____

D. Complétez le dialogue suivant en employant **il est, elle est, ils sont, elles sont, c'est, ce sont**, ou les adjectifs possessifs convenables. (*18 points*)

DENIS: Viens voir _____ nouvelle voiture!

CHANTAL: Tu as de la chance! _____ une jolie voiture.

DENIS: Oui, mais surtout, _____ économique!

CHANTAL: _____ parents, est-ce que (qu') _____ contents de _____ choix?

DENIS: Bien sûr, _____ la même marque que la voiture de _____ père.

CHANTAL: J'espère avoir la voiture des mes parents s'ils achètent une nouvelle Renault. _____ voiture n'est pas jolie, mais je suis prête à faire le sacrifice.

E. Complétez chaque phrase par la forme convenable d'un adjectif approprié. Plusieurs réponses sont possibles. (*15 points*)

MODELE   Edouard trouve facilement des solutions à nos problèmes.
         Il est <u>créatif</u>.

1. Angèle aime faire du tennis et du golf.

   Elle est _____.

2. Monique et François ont toujours de bonnes notes.

   Ils sont _____.

3. J'aime toujours écouter les histoires de mon grand-père.

   Ses histoires sont _____.

4. La cathédrale Notre-Dame est à Paris.

   C'est une _____ cathédrale.

5. Mes parents ont l'intention de m'acheter une voiture pour mon anniversaire.

   Je suis _____.

NOM _____   COURS _____

F. Complétez chaque phrase par la forme convenable d'un adverbe approprié. (*10 points*)

1. Quand j'ai un problème sérieux, mes parents et moi, nous parlons _____.

2. J'adore chanter, mais je ne chante pas _____.

3. Je cours moins vite que mon amie Isabelle. Je cours _____.

4. Mes amis aiment aller _____ au cinéma.

5. Mon camarade de chambre est timide. Il parle _____.

Pratique

G. **Mes acteurs favoris.** Choisissez deux acteurs que vous admirez (un homme et une femme). D'abord, faites une petite description de chaque personne (3 phrases) et ensuite, comparez les deux acteurs (3 phrases). (*27 points*)

Un acteur: _____

_____

_____

_____

Une actrice: _____

_____

_____

_____

Des comparaisons:

_____

_____

_____

_____

NOM _____ COURS _____

Chapitre 3

EXAMEN B

Activités de compréhension

A. **Vidéoclip 7. Le temps libre.** Encerclez la lettre **a**, **b**, ou **c** pour indiquer la bonne réponse. (*10 points*)

1. Quand on a du temps libre, l'Etudiante n° 1 explique qu'on se retrouve surtout dans les petits cafés aux alentours (près) de la Sorbonne parce que (qu')
   a. les cafétérias sont fermées le soir.
   b. il n'y a pas de cafétérias à la Sorbonne.
   c. on trouve que les salles pour étudiants sont trop grandes.

2. Quand il a du temps libre, l'Etudiant n° 2
   a. ne fait plus De sport depuis deux ou trois ans.
   b. joue au base-ball quand ce n'est pas la saison de football.
   c. a remplacé le tennis de table par le football.

3. Quand il a du temps libre, l'Etudiant n° 3
   a. collectionne les bandes dessinées pour très jeunes enfants.
   b. apprécie les bandes dessinées pour leurs scénarios et graphisme.
   c. pense que les bandes dessinées sont moins élaborées qu'un livre de bonne littérature.

4. Le «Fast Food»
   a. préféré des Français, c'est le «Wimpy».
   b. «c'est léger, et ça se mange».
   c. on l'aime bien parce que c'est bon pour la santé.

B. **Vidéoclip 7. Les jeunes s'amusent; L'Amérique, etc.** En écoutant le commentaire des étudiants sur l'Amérique, nous remarquons qu'il y a trois opinions assez favorables et trois autres qui sont un peu plus critiques. Faites une petite liste composée de **quatre** de ces opinions, **deux** favorables et **deux** critiques. (*15 points*)

OPINIONS FAVORABLES	OPINIONS CRITIQUES
1.	1.
2.	2.

A votre avis, quelle opinion semble difficile à justifier? Pourquoi?

_____

_____

Structures

C. Une camarade de chambre. Maryse cherche la camarade de chambre idéale. Elle prépare dans ce but certaines questions. Complétez chaque question par la forme convenable du verbe entre parenthèses. Puis répondez à la question. (*16 points*)

1. A quelle heure est-ce que tu _____ (partir) le matin?

   _____

2. Tes copains et toi, est-ce que vous _____ (partir) souvent en voyage?

   _____

3. Tu _____ (sortir) souvent le soir?

   _____

4. Tes amis _____ (venir) souvent dîner chez toi?

   _____

5. Est-ce que tu _____ (revenir) à l'université l'année prochaine?

   _____

6. Tu _____ (dormir) souvent tard le matin?

   _____

7. Mes copains et moi, nous _____ (courir) souvent ensemble. Et toi?

   _____

8. Est-ce que tes études te _____ (tenir) très occupée?

   _____

D. La cousine. Un ami français vous demande si sa cousine peut passer l'été chez vous. Complétez ce qu'il vous dit sur sa cousine en ajoutant deux **adjectifs**. Vous pouvez choisir des adjectifs de la liste suivante ou employer d'autres adjectifs descriptifs. (*10 points*)

grand	gentil
petit	long
intéressant	brun
intelligent	bon
sportif	heureux
bavard	amusant
ennuyeux	nombreux
gros	vieux
???	???

28   *Chapitre 3*

NOM _____   COURS _____

1. Ma cousine a beaucoup d'amis.

   _____

2. C'est une jeune fille.

   _____

3. C'est une étudiante.

   _____

4. Elle va faire un voyage.

   _____

5. Elle a trois chiens.

   _____

E. Complétez chaque phrase par la forme convenable de **l'adjectif possessif**. (*16 points*)

1. J'adore _____ cours de français.

2. Ma meilleure amie reçoit une visite de _____ frère.

3. Mes copains ne nettoient jamais _____ appartement.

4. _____ professeur de français nous parle souvent en français.

5. Je fais toujours _____ devoirs pour le cours de maths.

6. Mon (Ma) camarade de chambre écrit souvent à _____ parents.

7. En cours de français, nous écrivons toujours _____ dissertations en français.

8. Vous aimez _____ vie de tous les jours?

F. Composez une phrase superlative pour chacun des éléments suivants. (*8 points*)

1. Shaquille O'Neal

   _____

2. Paris

   _____

3. la Porsche 911

   _____

4. le président des Etats-Unis

   _____

Chapitre 3

Pratique

G. Mes journalistes favoris. Choisissez deux journalistes contemporains que vous admirez (un homme et une femme). D'abord, faites une petite description de chaque personne (cinq adjectifs) et ensuite, comparez les deux personnes (cinq phrases). (*25 points*)

Un journaliste: _____

_____

_____

_____

Une journaliste: _____

_____

_____

_____

Des comparaisons:

_____

_____

_____

_____

_____

_____

_____

NOM _____   COURS _____

Chapitre 4

INTERROGATION

Structures

Complétez les paragraphes suivants par les structures convenables.

L'année dernière Jerry _____ en France pour étudier et il _____ un appartement avec un autre Américain, Tom. Un soir, Jerry _____ à six heures. Après son dîner, il _____ dans le salon où il _____ de regarder la télévision. Jerry _____ le poste de télévision mais rien ne _____. A ce moment-là, Jerry _____: «Quelqu'un _____ le téléviseur.» Il _____ de téléphoner au propriétaire mais quand Jerry _____ la situation, le monsieur n' _____ pas _____. Jerry _____ dans le salon et il _____ le téléviseur. Comment? Jerry _____ oublier de brancher le poste. Il _____ l'émission «Questions pour un champion», alors il _____ un documentaire dans le programme mais comme il n'en a pas trouvé, il _____ un film avec Gérard Depardieu. Il _____ une soirée agréable et il _____ tard, à la fin du film.

Pratique

Composez huit phrases au **passé composé** pour raconter les événements les plus importants de votre soirée d'hier.

_____
_____
_____
_____
_____

NOM _____ COURS _____

Chapitre 4

EXAMEN A

Activités de compréhension

A. La télé américaine. Ecoutez attentivement la conversation entre Catherine et Laurent. Ensuite, répondez aux questions suivantes. (*15 points*)

1. Est-ce que Laurent a regardé la télé fréquemment pendant son séjour aux Etats-Unis? Expliquez.
   _____

2. La première fois qu'il a regardé la télévision américaine, Laurent est resté devant le petit écran pendant combien de temps?
   _____

3. Qu'est-ce qu'il a beaucoup aimé à la télévision américaine?
   _____

4. Selon Laurent, est-ce que la télévision américaine est de bonne qualité?
   _____

5. Pourquoi est-ce que Laurent a décidé de regarder régulièrement la télévision aux Etats-Unis?
   _____

B. Questions personnelles. Répondez aux questions de votre professeur en écrivant des phrases complètes. (*15 points*)

1. _____
2. _____
3. _____
4. _____
5. _____

Structures

C. Complétez les phrases suivantes par la forme convenable du **présent** des verbes indiqués. (*20 points*)

apprendre   croire   lire
boire   dire   prendre
connaître   écrire   suivre

1. Est-ce que tu _____ l'étudiant français qui passe l'année dans cette université?

2. Je trouve que les étudiants américains _____ beaucoup d'alcool pendant les fêtes.

3. Combien de cours est-ce que tu _____ ce semestre?

4. Y a-t-il beaucoup d'étudiants qui _____ leurs repas dans les restaurants à côté du campus?

5. Mes parents _____ souvent qu'il est important d'étudier régulièrement pour les cours.

6. Nous _____ le professeur quand il annonce un examen.

7. Les étudiants _____ rapidement les articles pour le cours de sciences politiques.

8. Je (J') _____ des lettres pour recevoir des lettres.

9. Ma camarade de chambre _____ le chinois. Elle veut être diplomate.

10. Le vendredi soir, nous mangeons de la pizza et _____ du Coca.

D. Complétez les phrases suivantes en mettant le verbe entre parenthèses au **passé composé**. (*16 points*)

1. Je (J') _____ (nettoyer) la chambre le week-end dernier.

2. Tout le monde _____ (arriver) en avance.

3. Nous _____ (sortir) à 10h du soir.

4. Puis nous _____ (revenir) à minuit.

5. Thomas _____ (boire) un café au lait pour la première fois.

6. Les enfants _____ (se brosser) les dents avant de se coucher.

7. Mes parents _____ (acheter) une nouvelle voiture.

8. Je (J') _____ (passer) mon temps à lire un bon livre.

9. Voici les livres que je (j') _____ (acheter).

10. Nous _____ (se parler) au téléphone.

NOM _____   COURS _____

E. Préparez cinq questions que vous voudriez poser à votre professeur au sujet de ses études, de son expérience universitaire et de ses séjours à l'étranger. (*10 points*)

1. _____
2. _____
3. _____
4. _____
5. _____

Pratique

F. Avant l'examen. Ecrivez huit phrases pour décrire ce que vous avez fait hier et aujourd'hui en préparation pour cet examen. (*24 points*)

_____
_____
_____
_____
_____
_____
_____
_____
_____
_____

NOM _____   COURS _____

Chapitre 4

EXAMEN B

Activités de compréhension

A. **Vidéoclip 8. Mes émissions favorites.** Voici une liste de **dix** genres d'émissions télévisées. Choisissez les **cinq** types d'émissions qui sont mentionnés par les jeunes devant la caméra. (*10 points*)

émissions musicales, informations, dessins animés, publicités, sports, documentaires, jeux, séries américaines, variétés, météorologie

1. _____   4. _____

2. _____   5. _____

3. _____

B. **Vidéoclip 8. Mes émissions favorites.** Répondez aux questions suivantes en vous inspirant du vidéoclip. (*15 points*)

1. Les films et les actualités sont les deux genres d'émissions préférés par les Français. Pourquoi regarde-t-on les films? Pourquoi regarde-t-on les actualités?

    On regarde _____
    _____

2. Regardez vous les films ou les actualités à la télé? Expliquez pourquoi.

    Je _____
    _____.

Structures

C. Votre amie française vous écrit et vous demande des renseignements sur votre vie à l'université. Complétez la lettre suivante en mettant les verbes de la liste à la forme convenable. (*26 points*)

écrire   lire
dire   suivre
croire   connaître
prendre   savoir

Salut!

Tu me (m') _____ au sujet de ma vie à l'université. Eh bien, je

_____ que je mène une vie assez mouvementée. En Amérique, les étudiants

TOURNEZ S.V.P.

Chapitre 4   **37**

_____ quatre ou cinq cours par semestre. Moi, par exemple, je _____ quatre cours actuellement. En cours de sociologie, nous _____ beaucoup de dissertations et en cours de littérature française, je _____ six pièces de théâtre moderne. En ce moment, je (j') _____ une longue dissertation pour mon cours de marketing. Chez nous, on _____ aussi des cours obligatoires d'éducation physique, mais tout le monde _____ que ces cours ne sont pas très difficiles. Nous _____ assez bien nos profs et nous pouvons leur parler après les cours. Je _____ tous mes repas au restaurant universitaire, mais tout le monde _____ que la cuisine n'est pas très bonne. _____-tu que nous payons assez cher nos études en Amérique? Alors, tu vois, nos deux vies sont bien différentes.

Amitiés,
Marie-Ange

D. Voici des phrases au présent qui décrivent les habitudes d'une jeune Américaine qui nous parle de ses habitudes en ce qui concerne la télévision. Mettez les phrases au **passé composé** pour raconter ce qu'elle a fait la semaine dernière. (*12 points*)

1. Mes amis viennent chez moi pour regarder *Melrose Place*.

   _____

2. On sort pour louer (*rent*) des vidéos.

   _____

3. Nous regardons chaque vidéo deux fois.

   _____

4. Je ne consulte pas le *TV Guide*.

   _____

5. Mon meilleur ami ne peut pas regarder la télé.

   _____

6. Nous nous amusons beaucoup.

   _____

NOM _____ COURS _____

E. Vous parlez à Carole, une étudiante française qui passe l'année scolaire dans votre université. Utilisez le **passé composé** pour poser quatre questions à Carole sur ses activités du week-end dernier. (*12 points*)

1. _____
2. _____
3. _____
4. _____

Pratique

F. **Vendredi dernier**. Ecrivez huit à dix phrases pour décrire ce que vous avez fait vendredi dernier après votre dernier cours. (*25 points*)

_____
_____
_____
_____
_____
_____
_____
_____
_____
_____

NOM _____ COURS _____

Chapitre 5

INTERROGATION

Structures

Complétez les paragraphes suivants par les structures convenables.

L'été dernier, Buffy et Muffy _____ de passer le mois de juin en France. Elles _____ tôt le matin de leur départ. Elles _____ le voyage à New York où elles _____ l'avion pour Paris. Les filles _____ très heureuses de partir enfin pour la France. Pendant que les autres voyageurs _____, le film ou _____, Buffy _____ un guide de la ville de Paris, et Muffy _____ à tout ce qu'elles _____ faire. Elles _____ très peu _____.

A dix heures du matin, le 747 _____ à l'aéroport Charles de Gaulle. Buffy et Muffy _____ de l'avion et _____ à leur hôtel. Leur chambre n'_____ pas ultramoderne mais elle _____ confortable. Les jeunes filles _____ dans la chambre. Elles ont rangé leurs affaires, mais se sentant très fatiguées, elles _____ un peu.

Le soir, comme Buffy et Muffy _____ voir la ville qu'elles _____ depuis si longtemps, elles _____ dans un petit restaurant du quartier où le propriétaire lui-même _____ des repas excellents mais pas trop chers. Elles _____ en haut de la tour Eiffel où un panorama splendide _____ devant elles. Là, elles _____ des garçons norvégiens qui _____ bien le

Chapitre 5   **41**

français et ils _____ danser tous les quatre dans un bal populaire, car c'était le quatorze juillet. Tout le monde _____ la musique que l'on _____ dans la rue.

Vers minuit, Buffy et Muffy _____ extrêmement fatiguées. Elles ont dit au revoir aux garçons et _____ à l'hôtel. Elles _____ pendant un petit moment de leurs premières aventures à Paris et puis elles _____ et elles _____.

Pratique

Racontez un événement récent dans votre vie (peut-être un voyage) en huit phrases.

_____
_____
_____
_____
_____
_____
_____
_____
_____
_____

Chapitre 5

NOM _____ COURS _____

Chapitre 5

EXAMEN A

Activité de compréhension

A. Corinne à Paris. Ecoutez attentivement la conversation entre Julien et Corinne. Ensuite, indiquez si les phrases suivantes sont vraies ou fausses en écrivant un «V» ou un «F» devant chaque phrase. (*10 points*)

1. _____ Corinne est allée à Paris pour voir des amis et une exposition d'art.

2. _____ D'habitude, elle se levait tard.

3. _____ Elle sortait souvent au cinéma ou au théâtre.

4. _____ Corinne a passé trois jours en Normandie.

5. _____ Corinne est tombée et a dû aller à l'hôpital.

Structures

B. Complétez l'histoire du marché en employant les formes convenables du **passé composé**, de l'**imparfait** ou du **plus-que-parfait** des verbes entre parenthèses. (*70 points*)

Le marché.

Quand je (j') _____ (être) jeune, je (j') _____ (aller)

souvent au marché avec mes parents, surtout le samedi matin. Au marché, il y

_____ (avoir) un vieux marchand qui _____ (sembler)

attendre mon arrivée. Il me (m') _____ (saluer) toujours avec un beau sourire

et me (m') _____ (donner) très souvent le plus beau des fruits qu'il

_____ (avoir). Mes parents _____ (ne pas vouloir) qu'il

m'offre un fruit chaque fois qu'on _____ (aller) au marché et il

_____ (avoir) l'air de comprendre cela.

Un samedi, nous _____ (aller) chercher un de mes amis qui

_____ (vouloir) nous accompagner au marché. Quand nous

_____ (arriver) chez lui, il _____ (ne pas être) prêt.

Nous le (l') _____ (attendre longtemps). Mes parents

Chapitre 5 **43**

_____ (se fâcher) un peu parce qu'il _____ (ne pas être) prêt. Enfin, nous _____ (partir) pour le marché. Quelle joie! Mon ami _____ (aller) faire la connaissance du vieux marchand. Je (J') _____ (être) si content!

En arrivant au marché, mon ami et moi, nous _____ (descendre) de la voiture et nous _____ (courir) jusqu'à l'endroit où _____ (se trouver) d'habitude le vieux marchand. Il _____ (être) là comme toujours et je le (l') _____ (présenter) à mon ami. Il nous _____ (offrir) deux belles pommes rouges et nous les _____ (accepter). Il nous _____ (poser) beaucoup de questions au sujet de notre école. Je (J') _____ (voir) dès le début que mon ami _____ (s'entendre) bien avec lui et je (j') _____ (être) fier de cela. Nous _____ (beaucoup bavarder) avant l'arrivée de mes parents qui _____ (regarder déjà) les produits des autres marchands. Mais comme d'habitude, ils _____ (ne pas pouvoir) résister aux beaux fruits et légumes de mon vieil ami et c'est chez lui qu'ils _____ (faire) leurs achats.

Pratique

C. Racontez un événement important ou dramatique de votre vie en vous servant de tous les temps du **passé**. (Par exemple: Vouz pouvez décrire votre premier jour sur le campus.) (*20 points*)

_____
_____
_____
_____
_____
_____
_____
_____
_____
_____

NOM _____ COURS _____

Chapitre 5

EXAMEN B

Activités de compréhension

A. Revue de presse. Lisez la revue de presse suivante, qui parle d'un stade pour la Coupe du Monde de football de 1998. Puis, indiquez si les phrases suivantes sont vraies ou fausses en écrivant un «V» ou un «F» devant chaque phrase. (*10 points*)

> — «Un grand stade est né», titre *l'Equipe*, sur toute la largeur d'une page qui présente la maquette du futur théâtre de la Coupe du Monde de football de 1998. Le quotidien sportif, qui devient lyrique dans les grandes occasions, dit qu'il a «la douce forme d'une ellipse». Effectivement, on ne peut pas le nier, il est oval. Gagné par la fièvre poétique, l'éditorial des *Dernières nouvelles d'Alsace* célèbre «cette arène de style latin, aux formes douces», en rappelant que ce projet avait pour concurrent «un stade à l'esprit anglo-saxon plus agressif». Le football s'accommoderait-il mieux de l'agressivité que de la douceur? *L'Equipe* trouve la formule retenue «plus éloignée de la philosophie du football». On note avec intérêt, au passage, que le football a une philosophie. On aimerait des détails. Mais *la Tribune* nous remet vite les pieds sur terre. Ce journal, au nom prédestiné pour parler d'un stade, nous explique que tout s'est joué sur «le sérieux du montage financier pour la construction et l'exploitation. Et aussi sur l'absence de risque».
>
> Diffusée par la *Mission Scientifique de l'Ambassade de France aux Etats-Unis* (28. 09. 94).

1. _____ *L'Equipe* est une revue hebdomadaire.

2. _____ Le stade en question n'a pas encore été construit.

3. _____ On parle de la construction d'un stade de forme ovale.

4. _____ On fait la distinction entre une arène de style latin et un stade inspiré par les anglo-saxons.

5. _____ *L'Equipe* et les *Dernières nouvelles d'Alsace* sont tous les deux des journaux sportifs.

6. _____ *L'Equipe* pense que la forme d'une ellipse est moins acceptable qu'une autre forme pour un stade de football.

7. _____ *La Tribune* est un autre journal qui consacre un article à la forme du stade.

8. _____ Tout le monde a l'habitude de parler de la philosophie du football.

9. _____ Pour la *Tribune*, la principale raison qui explique la décision de construire un stade en ellipse est financière.

10. _____ La Coupe du Monde de football doit avoir lieu en 1998.

B. **Les titres de journaux.** Radio-France Internationale diffuse tous les jours les principaux titres des journaux français. L'actualité du jour, c'est le budget et l'Europe—et les rapports complexes entre les deux. Lisez les trois titres de journaux suivants. Pour chaque titre, écrivez une phrase complète **au passé** qui explique les informations contenues dans le titre. (*15 points*)

1. Le titre de *Echos*: «Les Douze d'accord pour moins de déficits publics».

    Votre phrase:_____.

2. Le titre du *Figaro*: «Déficits publics: Bruxelles* intervient».

    Votre phrase:_____.

3. Le titre de *l'Humanité*: «Balladur** se soumet à l'injonction de Bruxelles».

    Votre phrase:_____.

_____

* Bruxelles: ville où est situé le centre administratif de l'Union Européenne.
** Edouard Balladur: premier ministre français à cette époque.

Structures

C. **Déjà vu.** Véronique nous parle de sa vie. Mettez ses phrases à **l'imparfait** pour dire comment s'est déroulée sa vie l'année dernière. (*20 points*)

1. Je prends toujours mes repas au restaurant universitaire.

2. J'habite un appartement.

3. Ma meilleure amie habite à côté de chez moi.

4. Je sors tous les week-ends avec mes amis.

5. Nous nous amusons à des soirées.

6. Mes parents me téléphonent toujours le vendredi soir.

NOM _____   COURS _____

    7. Sébastien, tu viens toujours me voir.

    _____

    8. Je me couche toujours tard le samedi soir.

    _____

    9. Mes amis et moi, nous réfléchissons à notre avenir.

    _____

    10. J'ai cours tous les jours à dix heures.

    _____

D. Vous avez organisé une soirée pour un groupe d'amis. Mettez le verbe entre parenthèses au **plus-que-parfait** pour dire ce que tout le monde avait fait avant la soirée. (*6 points*)

    1. Jean-Marie _____ (inviter) tout le monde.

    2. Nous _____ (nettoyer) l'appartement.

    3. Je (J') _____ (aller) acheter des provisions à l'hypermarché.

    4. Tous les amis _____ (préparer) des plats.

    5. Vous _____ (apporter) une chaîne stéréo.

    6. Renée _____ (venir) tôt pour nous aider.

E. Voici une description de la soirée de Véronique et d'Isabelle devant la télévision. Mettez chaque phrase au **passé composé** ou à l'**imparfait**, selon le contexte, pour décrire la même soirée au passé. (*24 points*)

    1. Nous voulons regarder la télévision.

    _____

    2. On va dans l'appartement de Véronique.

    _____

    3. Elle a une nouvelle télévision en couleurs.

    _____

    4. Nous nous installons.

    _____

    5. Je consulte le *Télé 7 Jours*.

    _____

TOURNEZ S.V.P.

Chapitre 5

6. Il n'y a pas de très bonnes émissions.

7. Véro choisit un documentaire.

8. Mais cela ne m'intéresse pas.

9. Alors, je fais du zapping.

10. Nous ne sommes pas contents.

11. Nous sortons louer des vidéos.

12. On passe une soirée agréable à regarder des films.

Pratique

F. **Un jour inoubliable**. Racontez en une dizaine ou une quinzaine de phrases une journée importante de votre passé en vous servant du **passé composé** et de l'**imparfait**. (Par exemple: Vous pouvez décrire le jour où vous avez appris à conduire, ou le jour où vous avez rencontré votre camarade de chambre pour la première fois.) (*25 points*)

NOM _____   COURS _____

Chapitre 6

INTERROGATION

Structures

Complétez les paragraphes suivants par les structures convenables.

— Dis, Robert, _____ tu veux aller au cinéma pendant le week-end?

— Ça dépend, Catherine. _____ est-ce que tu veux y aller?

— Samedi soir, sans doute.

— On passe _____ films en ce moment?

— Il y en a beaucoup. _____ t'intéresse?

— Au Cinéma Sept, on joue *Madame Bovary*.

— Ah bon? _____ est le metteur en scène du film?

— C'est Claude Chabrol.

— Et _____ joue le rôle de Madame Bovary?

— Isabelle Huppert joue le rôle d'Emma, et on dit que c'est un excellent film.

— D'accord, on y va. _____ commence le film?

— La première séance est à huit heures et la deuxième à dix heures. _____ est-ce que tu préfères?

— Celle de dix heures peut-être. Tu veux dîner d'abord au restaurant?

— Oui, ce n'est pas une mauvaise idée. _____ tu aimes comme cuisine? _____ veux-tu dîner?

— On peut aller prendre une pizza, non? _____ pizzeria est-ce que tu aimes? La Galleria?

— Oui. Pourquoi pas? Mais allons-y en groupe. _____ est-ce que tu veux inviter?

— Si on demandait à Olivier et Valérie? Ils adorent les films basés sur des grandes œuvres littéraires.

— D'accord. _____ est-ce qu'on va en ville? A pied?

— Oh non. Prenons le métro. Et, _____ veux-tu faire après le cinéma?

— Eh bien, on peut aller danser au club qui vient d'ouvrir près du cinéma.

— _____ ?

— Celui qui s'appelle le Bistro Américain. C'est vraiment super.

— OK. _____ est-ce qu'on se retrouve? A sept heures?

— Disons plutôt à six heures devant la bouche du métro. Allez, à demain!

— Entendu. A demain, à six heures. Au revoir.

Pratique

Votre amie française annonce que pendant les vacances elle a fait un voyage superbe. Posez-lui six questions au sujet de son voyage.

NOM _____ COURS _____

Chapitre 6

EXAMEN A

Activités de compréhension

A. **Les amateurs de cinéma.** Ecoutez attentivement la conversation entre Christine et Philippe. Ensuite, indiquez si les phrases suivantes sont vraies ou fausses en écrivant un «V» ou un «F» devant chaque phrase. (*10 points*)

1. _____ Philippe préfère le cinéma américain.

2. _____ Christine est fana de cinéma.

3. _____ Christine adore les films classiques.

4. _____ Christine retourne souvent voir le même film si c'est une superproduction.

5. _____ François Truffaut était un metteur en scène très célèbre en France.

B. **Questions personnelles.** Répondez aux questions de votre professeur. Ecrivez des phrases complètes. (*15 points*)

1. _____

2. _____

3. _____

4. _____

5. _____

Structures

C. Complétez le dialogue suivant entre Yves et Claudine qui projettent de sortir ensemble. (*15 points*)

    YVES: Je viens te chercher chez toi samedi soir.

CLAUDINE: _____

YVES: Vers six heures et demie. Ça te convient?

CLAUDINE: Oui, parfaitement, mais, _____.

YVES: En voiture. Je vais emprunter celle de mon camarade de chambre.

CLAUDINE: C'est très gentil de sa part. Il est sympa, ton camarade de chambre.

YVES: Tu n'as pas oublié d'acheter des billets, hein?

CLAUDINE: Ne t'inquiète pas. Tout est arrangé.

YVES: _____ vient avec nous?

CLAUDINE: J'ai invité Raoul et Marguerite. Ils adorent l'opéra.

YVES: Je ne connais pas l'histoire de «La Traviata». _____.

CLAUDINE: Il s'agit d'une histoire d'amour. Je suis certaine que tu vas l'aimer.

YVES: J'espère que tu as raison.

CLAUDINE: _____ t'inquiète? Tu as l'air un peu distrait.

YVES: Rien de sérieux. Je me demande s'il va nous rester assez d'argent pour nous arrêter au café après l'opéra.

D. Vous préparez un sondage pour découvrir comment les étudiants passent leur temps libre. Posez des questions en vous inspirant des idées suivantes et demandez à chaque personne interviewée: (*10 points*)

1. le nombre de fois par semaine qu'il(elle) sort avec ses amis

   _____?

2. son endroit favori pour rencontrer ses amis

   _____?

3. l'heure à laquelle il (elle) sort d'habitude le vendredi soir

   _____?

4. ses activités préférées

   _____?

5. ce qu'il(elle) pense de la vie associative des étudiants dans cette université

   _____?

NOM _____ COURS _____

E. Vous venez de rencontrer une étudiante canadienne. A quelles questions répondent les phrases suivantes? N'employez chaque expression interrogative qu'une seule fois. (*15 points*)

MODELE   J'ai un chien.
         Comment s'appelle-t-il?

1. Je viens de la ville de Trois-Rivières.

   _____?

2. Nous sommes quatre dans ma famille.

   _____?

3. Je suis arrivée aux Etats-Unis il y a six mois.

   _____?

4. Je suis cinq cours ce semestre.

   _____?

5. J'ai quelquefois des difficultés en cours d'anglais.

   _____?

F. Complétez les phrases suivantes avec la forme convenable des mots proposés. (*10 points*)

(le) temps   (l')heure (2x)   (la) fois (2x)   (le) jour
(la) journée   (l')an   (l')année   (le) soir

1. Combien de _____ est-ce que vous avez visité un pays francophone?

2. Dans quinze _____ nous allons passer un autre examen.

3. A quelle _____ est-ce qu'on sert le petit déjeuner?

4. Il y a deux _____ que j'ai commencé à étudier le français.

5. Thomas, est-ce que tu as _____ d'aller au cinéma avec nous?

6. Je suis resté(e) au lit toute _____.

7. Elles sont venues me voir deux _____.

8. C'est _____ du dîner.

9. _____ prochaine, j'espère étudier à l'étranger.

10. Je ne peux pas sortir ce _____; j'ai trop de travail à faire.

Chapitre 6

Pratique

G. Gérard Depardieu, un acteur français très célèbre, va visiter votre université à l'occasion d'un festival de ses films. Préparez cinq questions à lui poser au sujet de sa vie et de ses films. N'employez chaque expression interrogative qu'une seule fois. (*25 points*)

1. _____?
2. _____?
3. _____?
4. _____?
5. _____?

NOM _____ COURS _____

Chapitre 6

EXAMEN B

Activités de compréhension

A. **Vidéoclip 9. Quelles sortes de films préfères-tu?**

1. Au cours des interviews avec les jeunes Français, on mentionne une dizaine de genres de films. Faites une liste de **cinq** types de films mentionnés. (*5 points*)

   1. _____   4. _____

   2. _____   5. _____

   3. _____

2. Voici les titres français de six films américains. Choisissez **cinq** de ces films et dites à quels genres ils appartiennent. (*5 points*)

   a. *La Guerre des étoiles* _____

   b. *Le Silence des agneaux* _____

   c. *Carte verte* _____

   d. *Impitoyable* _____

   e. *Rambo* _____

   f. *Proposition indécente* _____

B. **Vidéoclip 9. Quelles sortes de films préfères-tu?** Imaginez que vous devez interviewer les mêmes jeunes Français du vidéoclip. Posez trois questions différentes pour mieux savoir pourquoi ils aiment ou n'aiment pas certains films. (*15 points*)

   1. _____?

   2. _____?

   3. _____?

Structures

C. Posez les questions qui ont provoqué les réponses suivantes. (*30 points*)

   1. Vendredi soir? Nous sommes allés au cinéma.

   _____

2. J'ai amené ma copine Sylvie.

3. Nous avons pris le métro pour descendre en ville.

4. Nous devions sortir avec Jean-Paul et Dominique.

5. On a retrouvé Jean-Paul et Dominique devant le cinéma.

6. Nous avons vu *La Leçon de piano*.

7. On a choisi ce film parce que tout le monde avait envie de le voir.

8. Mon ami Paul est allé chercher les billets.

9. Holly Hunter est la vedette du film.

10. On est sorti du cinéma vers onze heures et quart.

11. Nous sommes allés ensuite au Café Universel.

12. Nous avons parlé du film.

D. Vous entendez les remarques suivantes. Posez des questions avec **quel** ou **lequel** pour obtenir des renseignements supplémentaires. (*10 points*)

1. Je viens de voir un film français super.

2. Il y a une certaine actrice que j'admire énormément.

NOM _____ COURS _____

   3. Je me suis abonné(e) récemment à deux revues de cinéma.

     _____

   4. Je ne vais jamais voir certains films.

     _____

   5. J'adore le film le plus récent de Spielberg.

     _____

E. Posez cinq questions à votre professeur de français sur ses goûts cinématographiques. (*15 points*)

   1. _____

   2. _____

   3. _____

   4. _____

   5. _____

Pratique

F. Moi? Vedette de cinéma? Un grand metteur en scène français visite votre campus. Il vous demande de venir en France pour jouer un rôle dans son nouveau film. Préparez quatre questions à lui poser avant de prendre cette décision importante. N'employez chaque expression interrogative qu'une seule fois. (*20 points*)

_____

_____

_____

_____

_____

_____

_____

Chapitre 7

INTERROGATION

Structures

Complétez les paragraphes suivants par les structures convenables.

Cher Professeur,

   Je _____ écris pour _____ décrire mon premier voyage par le train en France. Nous avons pris le TGV, et je _____ ai trouvé impressionnant. Dans toutes les gares, il y a un bureau de renseignements où on peut poser toutes sortes de questions pratiques. On _____ trouve également des brochures et des horaires. Nous avons réservé nos billets et nous _____ avons payés au guichet, mais avant de passer sur les quais, il a fallu _____ composter dans une machine spéciale. Marc y est passé avec son billet avant _____ et il a rigolé quand il a vu que je ne savais pas _____ introduire _____. Une fois à bord du train, nous avons présenté nos billets au contrôleur et, comme il était de bonne humeur, nous _____ avons parlé pendant un moment. Marianne était assise à côté de Marc et _____. Elle s'est vite endormie et Marc aussi, peu après. Marianne et _____ ont dormi longtemps et, bien évidemment, je ne _____ ai pas beaucoup parlé. Plus tard je me suis moquée d'_____ parce qu'ils n'ont presque rien vu pendant le voyage.

   Nous avons mangé dans le bar du train. On _____ trouve des tranches de pizza, et _____, j' _____ ai pris deux. Marc _____ a trouvées sans goût, et _____, il a pris un croque-monsieur. En première classe, on peut prendre son repas sans quitter sa place, mais il faut _____ réserver à l'avance.

   Le TGV roule très vite. Le trajet de Paris à Marseille ne dure que cinq heures, et nous _____ sommes arrivés à sept heures juste. Notre voyage _____ a beaucoup plu, et nous n'hésiterons pas à _____ refaire si l'occasion se présente.

Marc, toujours impatient, est descendu du train plus rapidement que Marianne et _____.

Il est allé à la consigne, _____ a récupéré nos valises et puis nous _____ avons transportées sur un petit chariot jusqu'à la sortie. Ensuite, j'ai porté _____ et _____ de Marianne qui avait déjà les mains pleines. Nous avons cherché un taxi, mais il n'y _____ avait pas beaucoup à cause du nombre de voyageurs qui sortaient de la gare à ce moment-là. Très contents de notre voyage, nous nous sommes dirigés, Marc et moi, vers notre appartement, et Marianne est allée vers _____.

Voilà l'histoire de notre premier voyage en TGV.

A bientôt, cher Professeur.

Pratique

Quels moyens de transport avez-vous déjà employés pour voyager? Composez un petit paragraphe de six à huit phrases pour décrire un voyage que vous avez fait par le train ou en avion.

NOM _____ COURS _____

Chapitre 7

EXAMEN A

Activités de compréhension

A. **Le voyage extraordinaire de Marie-France.** Ecoutez attentivement la conversation entre Eric et Marie-France. Ensuite, répondez aux questions suivantes en écrivant des phrases complètes. (*10 points*)

1. Quelle était la destination du voyage de Marie-France?

   _____

2. Pourquoi est-ce que Marie-France a pris un vol direct?

   _____

3. Une fois arrivée à sa destination, qu'est-ce qu'elle a découvert?

   _____

4. Qu'est-ce qui s'est passé deux jours après son arrivée?

   _____

5. Est-ce qu'elle a eu des difficultés pour le voyage de retour? Si oui, expliquez le problème.

   _____

   _____

B. **Comment voyagent-ils?** Ecoutez attentivement les phrases suivantes au sujet des voyages. Chaque phrase suggère, par son vocabulaire, un moyen de transport. Indiquez les moyens de transport auxquels chaque phrase fait allusion en mettant une croix (x) dans la (les) catégorie(s) convenable(s). N'oubliez pas qu'une seule phrase peut correspondre à plusieurs catégories. (*15 points*)

MODELE	VOUS ENTENDEZ	Rita achète souvent des carnets.			
		avion	bus	métro	train
	VOUS ECRIVEZ	____	x	x	____

	avion	bus	métro	train
1.	____	____	____	____
2.	____	____	____	____
3.	____	____	____	____
4.	____	____	____	____

TOURNEZ S.V.P.

	avion	bus	métro	train
5.	___	___	___	___
6.	___	___	___	___
7.	___	___	___	___
8.	___	___	___	___
9.	___	___	___	___
10.	___	___	___	___

Structures

C. Une étudiante française de votre université vous pose des questions au sujet des habitudes des étudiants américains. Répondez à ses questions en utilisant des **pronoms** dans vos réponses. (*15 points*)

1. Est-ce que les étudiants américains étudient souvent à la bibliothèque?

   _____

2. Est-ce qu'ils achètent beaucoup de livres chaque semestre?

   _____

3. Est-ce qu'ils téléphonent chaque semaine à leurs parents?

   _____

4. Est-ce qu'ils font attention à ce que dit le professeur?

   _____

5. Est-ce qu'ils vendent leurs livres à la fin du semestre?

   _____

NOM _____   COURS _____

D. L'étudiante française continue à vous poser des questions. Les questions sont maintenant plus personnelles. Continuez à utiliser des **pronoms**. (*25 points*)

1. Est-ce que tu es content(e) d'avoir choisi cette université?

   _____

2. Est-ce que tu rends souvent visite à tes ami(e)s dans les autres universités?

   _____

3. Est-ce que tes parents te donnent de l'argent pour payer tes frais à l'université?

   _____

4. Est-ce que tu trouves tes devoirs difficiles à faire?

   _____

5. As-tu l'intention d'étudier en France?

   _____

6. Le semestre dernier, combien de cours est-ce que tu as suivis?

   _____

7. Combien de fois par semaine est-ce que tu allais au laboratoire?

   _____

8. Est ce que ton professeur t'a donné beaucoup de devoirs à faire?

   _____

9. Est-ce que tu accompagnes souvent tes ami(e)s au cinéma?

   _____

10. L'été dernier, est-ce que tu es resté(e) à l'université pour suivre des cours?

    _____

E. Vous venez de rentrer d'un voyage à l'étranger. Vos amis essayent de vous aider à identifier à qui appartiennent les objets suivants. Répondez aux questions suivantes en utilisant une expression pour indiquer la **possession** (adjectifs possessifs, pronoms possessifs, pronoms disjoints, etc.). (*10 points*)

1. Est-ce que ce sont tes photos de Versailles?

   Oui, _____.

2. Est-ce que ces cartes postales sont à Edouard?

   Oui, _____.

3. A qui est cet appareil-photo? (moi)

   _____.

4. Est-ce que ces affiches sont à Marc et Monique?

   Oui, _____.

5. C'est ton dictionnaire?

   Oui, _____.

Pratique

F. Complétez les phrases suivantes en indiquant vos préférences. (*10 points*)

1. De tous mes cours, je préfère ceux qui _____
   _____.

2. J'aime toutes sortes de musique, surtout celles qui _____
   _____.

3. J'aime mes amis sportifs et j'apprécie aussi ceux qui _____
   _____.

4. Des tous les moyens de transport, je préfère celui qui _____
   _____.

5. Parmi tous mes loisirs, j'adore ceux que _____
   _____.

G. Faites une description de votre dernier voyage. Parlez de votre destination, du moyen de transport que vous avez utilisé, des côtés positifs et négatifs du voyage, etc. Ecrivez six à huit phrases en employant le nouveau vocabulaire présenté dans ce chapitre. (*15 points*)

NOM _____ COURS _____

Chapitre 7

EXAMEN B

Activités de compréhension

A. Vidéoclip 11: Les déplacements—Dans le métro; Vidéoclip 12: Les déplacements—Prenons le train. Regardez les vidéoclips 11 et 12 et indiquez si les phrases suivantes sont vraies ou fausses en écrivant un «V» ou un «F» devant chaque phrase. (*10 points*)

1. _____ Les deux amis prennent le métro vers la même destination.

2. _____ Au guichet, le garçon demande un seul ticket.

3. _____ Le même garçon demande aussi un plan du métro.

4. _____ La personne qui voyage par le train achète un aller simple pour Blois.

5. _____ Elle paie plus de cent francs pour son billet.

B. Vidéoclip 13. Les déplacements. En vous inspirant du vidéoclip, imaginez que vous avez fait le même voyage que la personne que vous voyez sur le petit écran. Racontez votre voyage en mentionnant les éléments suivants: la destination et la durée du voyage; la gare dont vous êtes parti(e); ce que vous avez fait pour arriver à la gare; la sorte de billet que vous avez acheté; où et comment vous avez acheté votre billet; ce que vous avez fait du billet avant de monter dans le train; ce qui s'est passé pendant le voyage. Ecrivez au moins cinq phrases. (*15 points*)

_____
_____
_____
_____
_____
_____

Structures

C. Vous parlez à une étudiante française qui passe l'année scolaire dans votre université. Répondez à ses questions en remplaçant au moins un des noms par un **pronom objet** convenable. (*45 points*)

1. Tu étudies le français depuis longtemps?

_____

2. Combien de cours suis-tu chaque semestre?

_____

3. En Amérique, est-ce que les étudiants connaissent bien leurs professeurs?

   _____

4. Parlez-vous souvent à vos professeurs en dehors des cours?

   _____

5. Tu as une voiture?

   _____

6. Est-ce que tu peux garer ta voiture sur le parking de l'université?

   _____

7. Tu habites à la résidence universitaire?

   _____

8. Tu prends tes repas au restaurant universitaire?

   _____

9. Est-ce que tes parents te donnent toujours de l'argent de poche?

   _____

10. Est-ce que tu téléphones souvent à tes parents?

    _____

11. Tu habites chez tes parents pendant l'été?

    _____

12. Tu as beaucoup d'amis très proches?

    _____

13. Tu sors souvent avec tes amis?

    _____

14. Tu parles à tes amis de ta vie et de tes problèmes?

    _____

15. Tu veux aller en France l'été prochain?

    _____

NOM _____ COURS _____

D. Vous allez à un concert de rock avec des amis. Complétez chacune des phrases suivantes par la forme convenable du **pronom possessif**. (*5 points*)

1. Tu veux prendre ta voiture ou _____ (mine)?

2. Est-ce que ce sont mes billets ou _____ (his)?

3. Je n'ai pas de programme. Passe-moi _____ (theirs).

4. Ce sont leurs places ou _____ (ours)?

5. J'ai oublié ma veste. Donne-moi _____ (yours).

E. Vous allez au centre commercial faire des courses avec des amis. Complétez chaque phrase par la forme convenable du **pronom démonstratif**. Faites suivre chaque pronom par le mot qui convient. (*5 points*)

1. Véro ne sait pas quelle robe choisir, _____ ou _____.

2. Tu veux chercher des CD, tu sais, _____ nous avons écoutés la semaine dernière?

3. J'ai mis mes affaires et _____ Marc dans la voiture.

4. Ce magasin est _____ on fait les meilleures affaires.

5. N'achète pas ces chaussures-ci. _____ nous avons vues dans l'autre magasin étaient mieux.

Pratique

F. **Mes préférences.** Complétez les phrases suivantes en indiquant vos préférences. (*5 points*)

1. J'adore les films, surtout ceux qui _____
_____.

2. De toutes les voitures étrangères, je préfère celle qui _____
_____.

3. J'aime tous mes cours, mais j'apprécie en particulier celui que _____
_____.

4. De tous les livres que j'ai lus, je préfère ceux qui _____
_____.

5. Parmi toutes mes activités sportives, j'adore celle que _____
_____.

Chapitre 7 **67**

G. Un voyage désastreux! Décrivez un voyage au cours duquel vous avez eu de nombreux problèmes. Parlez de votre destination, du moyen de transport que vous avez utilisé, etc. Ecrivez un paragraphe de cinq à dix phrases. (*15 points*)

NOM _____ COURS _____

Chapitre 8

INTERROGATION

Structures

Complétez les paragraphes suivants par les structures convenables.

En France, il n'y a pas de phénomène scolaire qui _____ plus important que le bac. Les élèves subissent plusieurs procédés de sélection pendant leurs années au lycée, mais il faut que tout le monde _____ aussi à l'examen du bac pour pouvoir entrer à l'université. Les parents français estiment qu'il est très important que leurs enfants _____ leur bac et qu'ils _____ faire des études universitaires. Afin d'y arriver, il faut que les élèves _____ le bac qui leur convient parmi les différentes séries du bac, mais il faut aussi qu'ils _____ de façon intensive avant de _____ l'examen en juin. Ils ont tous peur que les sujets _____ difficiles, mais leur plus grande peur est qu'ils n'en _____ pas assez pour remplir les pages blanches. Les candidats qui _____ une moyenne au-dessus de dix sont automatiquement reçus. Pour certains, si les résultats ne sont pas satisfaisants, on peut exiger qu'ils _____ une deuxième fois leur dernière année de lycée. Il y a des Français qui _____ qu'il est nécessaire de changer ce système élitiste. La majorité, toutefois, n'est pas prête à abandonner un système fondé sur la sélection.

Une fois admis à l'université, il faut que les étudiants _____ aux cours, mais cela ne coûte pas trop cher, car les études universitaires sont pratiquement gratuites en France. Les étudiants français suivent certains cours dans de grands amphithéâtres, où le professeur fait sa conférence devant des centaines de personnes. Pour réussir, il est souvent indispensable que les étudiants _____ les polycopiés des cours. C'est une situation qui explique pourquoi les Français qui viennent faire des études aux Etats-Unis sont souvent surpris que les étudiants américains _____ si peu de cours. En plus, bien qu'on _____ plusieurs dissertations pour certains cours en France, la moyenne dépend souvent en grande partie de l'examen de fin d'année. De nombreux étudiants préfèrent que l'on _____ compte de leurs résultats tout au long de l'année, mais les vieilles habitudes ne changent pas facilement.

Pratique

Complétez les phrases suivantes pour exprimer quelques-unes de vos valeurs et de vos opinions personnelles.

1. Je voudrais que mes amis _____
   _____.

2. Je pense que mes professeurs _____
   _____.

3. Pour être heureux, il faut _____
   _____.

4. Je cherche un(e) petit(e) ami(e) qui _____
   _____.

5. Il n'est pas certain que notre Président _____
   _____.

6. Je ne crois pas que _____
   _____.

7. Il est essentiel que les gens parlent une langue étrangère afin que _____
   _____.

8. A l'université il est bon _____
   _____.

NOM _____   COURS _____

Chapitre 8

EXAMEN A

Activités de compréhension

A. L'importance du bac. Ecoutez attentivement la conversation entre Marc et Dominique. Ensuite, répondez aux questions suivantes. (*15 points*)

1. Que faut-il faire pour être accepté(e) à l'université en France?

2. Quel bac Dominique a-t-elle passé?

3. Quelle moyenne a-t-elle obtenue?

4. Qu'est-ce qu'on doit faire si on obtient une moyenne entre huit et dix?

5. L'examen est très difficile. En général, combien de personnes ratent l'examen?

B. Questions personnelles. Répondez aux questions de votre professeur. Ecrivez des phrases complètes. (*10 points*)

1. _____

2. _____

3. _____

4. _____

5. _____

Chapitre 8   71

Structures

C. Le logement à l'université. Complétez le paragraphe suivant par la forme convenable du verbe entre parenthèses. (*20 points*)

Il faut que vous _____ (prendre) une décision avant de partir à l'université. Vos parents préfèrent-ils que vous _____ (prendre) une chambre à la cité U ou que vous _____ (chercher) un appartement en ville? Avez-vous des amis qui _____ (vouloir) vivre dans une maison d'étudiants? Bien qu'il y _____ (avoir) des avantages à habiter une maison d'étudiants, il me semble que ces résidences _____ (ne plus constituer) des aspects essentiels de la vie universitaire. Il est sûr que beaucoup de jeunes gens _____ (vouloir) encore aujourd'hui faire l'expérience de la vie commune des maisons d'étudiants, mais il n'est pas surprenant que d'autres _____ (vouloir) mener une vie indépendante en dehors des cours. Il est même possible que quelques-uns _____ (être) obligés de s'occuper d'une famille pendant qu'ils _____ (faire) leurs études.

D. Voici les notes que vous avez prises pendant une discussion en classe. Faites des phrases complètes en employant les éléments indiqués. (*15 points*)

1. leurs parents sont fâchés / elles / aller en Floride la semaine dernière

   _____

2. il n'y a personne qui / pouvoir / répondre à ses questions

   _____

3. il paraît / les étudiants américains / faire souvent du sport

   _____

4. nous allons étudier / jusqu'à ce que / nous / comprendre / ce problème

   _____

5. bien qu'on / écrire beaucoup / le cours était intéressant

   _____

NOM _____ COURS _____

E. Un de vos camarades de classe a des difficultés en cours d'histoire. Il vient de rater un examen important et veut abandonner ses études. Quelle est votre réaction et quels conseils lui donnez-vous? Ecrivez cinq phrases en employant cinq expressions de la liste suivante. (*20 points*)

croire	il est douteux	avoir peur
douter	il est essentiel	être certain
penser	il est possible	être content
regretter	il est probable	être fâché
souhaiter	il est sûr	être surpris
vouloir	il vaut mieux	être triste

1. _____

2. _____

3. _____

4. _____

5. _____

Pratique

F. Complétez les phrases suivantes en exprimant vos propres idées sur la vie universitaire. (*20 points*)

1. Pour réussir dans cette université, il faut _____ .

2. Dans cette université, il me semble que les étudiants _____ .

3. Je voudrais que les professeurs _____ .

4. Les professeurs souhaitent que nous _____ .

TOURNEZ S.V.P.

Chapitre 8

5. Personnellement, je cherche une spécialisation qui _____
   _____.

6. Le semestre prochain, je vais suivre un cours de français à condition que _____
   _____.

7. Il est douteux que mon (ma) camarade de chambre _____
   _____.

8. Il est probable que nous _____
   _____.

9. Je compte obtenir le diplôme en quatre ans, à moins de _____
   _____.

10. Dans l'ensemble, je trouve que cette université _____
    _____.

NOM _____   COURS _____

Chapitre 8

EXAMEN B

Activités de compréhension

A. Vidéoclip 14. La vie d'étudiant. Encerclez la lettre **a** ou **b** pour indiquer la bonne réponse. (*10 points*)

1. Le système public d'enseignement est
   a. centralisé.
   b. politisé.

2. Les élèves qui préparent le bac en France
   a. doivent payer 1000 francs par an.
   b. sont plus de 60% à atteindre le bac.

3. Tous les enfants sont à l'école maternelle
   a. à l'âge de 4 ans.
   b. à l'âge de 2 ans.

4. A l'école primaire,
   a. les récréations sont des moments importants.
   b. les classes vertes sont limitées aux écoles de campagne.

5. Dans les collèges et les lycées,
   a. la majorité des lycéens ne sont pas satisfaits de l'ambiance de leur lycée.
   b. l'adaptation des collégiens au lycée n'est pas toujours facile.

B. Vidéoclip 15. A la résidence universitaire. En vous inspirant du vidéoclip pour le vocabulaire spécialisé, répondez aux questions suivantes par des phrases complètes. (*15 points*)

1. Habitez-vous dans une résidence universitaire?

   _____

2. Où prenez-vous vos repas?

   _____

3. A quelles heures peut-on trouver quelque chose à manger sur le campus de votre université?

   _____

4. Qu'avez-vous mis dans votre chambre pour la rendre plus personnelle?

   _____

5. Quel aspect de votre vie d'étudiant aimez-vous (ou détestez-vous) en particulier?

   _____

Structures

C. Pour réussir en cours de français... Complétez chaque phrase en mettant le verbe entre parenthèses au **subjonctif**. *(15 points)*

1. Il faut que nous _____ (parler) français autant que possible.
2. Il faut que tu _____ (rendre) tous les devoirs.
3. Il faut que les étudiants _____ (venir) toujours en classe.
4. Il faut que vous _____ (être) toujours à l'heure.
5. Il faut que le prof _____ (répondre) aux questions des étudiants.
6. Il faut que je _____ (savoir) toutes les réponses.
7. Il faut qu'on _____ (finir) tous les exercices.
8. Il faut que le prof _____ (écrire) souvent au tableau.
9. Il faut que vous _____ (aller) à la Maison française.
10. Il faut que les étudiants _____ (faire) attention.

D. Combinez l'expression entre parenthèses avec la phrase indiquée. Décidez s'il faut mettre le verbe principal à l'**infinitif**, au **subjonctif** ou à l'**indicatif**. *(16 points)*

1. (Je ne crois pas...) Les étudiants américains passent un examen aussi difficile que le bac.

   _____

2. (Mes parents désirent...) Je fais des études de commerce.

   _____

3. (Ma mère croit...) Une spécialisation doit être pratique.

   _____

4. (Il est probable...) J'ai choisi des cours intéressants pour le semestre prochain.

   _____

5. (Mes copains ont peur...) Ils ne trouvent pas de poste.

   _____

6. (Il est nécessaire...) Les étudiants sont indépendants.

   _____

NOM _____   COURS _____

7. (Il n'est pas surprenant…) En France, on n'a pas de conseiller.

_____

8. (Croyez-vous…) Le système éducatif en France est assez différent du système américain?

_____

E. Complétez les phrases suivantes par la forme convenable du verbe entre parenthèses. Il faut choisir entre le **subjonctif**, l'**indicatif** ou l'**infinitif.** (*14 points*)

1. Pour le semestre prochain, je cherche un appartement qui ne (n') _____ pas (être) trop cher.

2. Mon ami étudie beaucoup de peur de _____ (rater) le cours d'analyse différentielle.

3. Un autre étudiant aide mon ami pour qu'il _____ (réussir) au cours.

4. C'est le plus âgé de mes amis qui _____ (faire) du théâtre pendant l'été.

5. Bien que je (j') _____ (aller) toujours en cours, j'ai toujours des problèmes en cours de maths.

6. Mon cours de géologie est le meilleur cours que je _____ (suivre) ce semestre.

7. Quoique Maryse _____ (se spécialiser) en marketing, elle n'a pas encore trouvé de poste.

Pratique

F. La vie à l'université. Complétez les phrases suivantes en exprimant vos propres opinions sur la vie universitaire. (*30 points*)

1. Dans mon université, il est certain que les étudiants _____
_____.

2. En général, je suis contente que les profs _____
_____.

3. D'habitude, j'aime mes cours à moins que _____
_____.

4. Mes parents souhaitent que je _____
_____.

5. Pour obtenir de bonnes notes, il faut que nous _____
_____.

6. Le semestre prochain, il est probable que je _____
   _____.

7. Mon (Ma) meilleur(e) ami(e) espère obtenir son diplôme en quatre ans à condition que _____
   _____.

8. Il est dommage que les résidences _____
   _____.

9. Je ne pense pas que les étudiants de cette université _____
   _____.

10. Après tout, nous sommes heureux parce que _____
    _____.

Chapitre 9

INTERROGATION

Structures

Complétez les paragraphes suivants par les structures convenables.

Il y a des régions du monde qui forment ce _____ on appelle la francophonie. Ce sont des pays ou des régions dans _____ on parle français en plus des langues indigènes. Hors de France, on trouve des personnes francophones _____ Europe— _____ Belgique ou _____ Luxembourg, par exemple—, _____ Antilles et même _____ Etats-Unis. Examinons le cas d'un jeune homme francophone _____ s'appelle François Ngolet.

François est né _____ Sénégal _____ Afrique. Il parle, bien sûr, sa langue africaine, mais il a commencé _____ parler _____ français très jeune. Il a fait toutes ses études _____ français et a réussi _____ avoir son bac. François a décidé _____ faire des études supérieures _____ France. Pour les francophones _____ Afrique, il est souvent assez facile _____ être admis à une université française. François a voyagé _____ avion jusqu' _____ Paris et puis _____ le train jusqu' _____ Montpellier. En _____ beaucoup, François a fini _____ préparer un doctorat en anthropologie.

Mais ce n'est pas la fin de l'histoire de François. En _____ des cours _____ français aux étudiants étrangers pendant qu'il finissait _____ écrire sa thèse, François a eu l'occasion _____ faire la connaissance de Sylvia, une jeune étudiante américaine _____ était venue _____ France parce qu'elle voulait _____ perfectionner son français. _____ l'année universitaire, François et Sylvia sont sortis très souvent ensemble et ils ont commencé

TOURNEZ S.V.P.

_____ s'aimer. François ne parlait pas très bien l'anglais, mais ce n'était pas grave car Sylvia, _____ la famille habite le sud des Etats-Unis, était aussi francophone.

Enfin, _____ printemps, ils se sont fiancés. François est venu _____ habiter _____ deux mois _____ les parents de Sylvia, _____ était assez intéressant _____ observer car les parents ne parlaient pas un mot de français. Sylvia voulait vraiment _____ faire la connaissance des parents de François, mais le voyage _____ Sénégal coûtait trop cher. Elle a dû _____ leur parler au téléphone; tous les membres de la famille de François parlent _____ français, y compris ses grands-parents chez _____ il a passé de bons moments. _____ décembre de l'année suivante, François et Sylvia se sont mariés. François désire _____ trouver un poste comme professeur d'anthropologie africaine _____ une université américaine. Vive la francophonie! Vive l'amour! Vive le français!

Pratique

Avez-vous déjà voyagé dans un pays francophone ou dans un pays qu'on appelle exotique? Décrivez en six phrases ou plus un de vos voyages.

_____

_____

_____

_____

_____

_____

_____

_____

NOM _____ COURS _____

Chapitre 9

EXAMEN A

Activités de compréhension

A. Les anciennes colonies de la France. Ecoutez attentivement la conversation entre Nathalie et André. Ensuite, répondez aux questions suivantes en écrivant des phrases complètes. (*15 points*)

1. Dans quelles régions du monde la France a-t-elle eu des colonies importantes?

   _____

2. La France a-t-elle toujours des colonies?

   _____

3. Quelles raisons André donne-t-il pour expliquer le grand nombre d'Arabes et de Noirs en France? (2 raisons)

   _____

4. Pourquoi est-ce que les étudiants africains n'ont pas de problèmes pour parler français?

   _____

5. Est-ce que les immigrés ont des difficultés à trouver du travail? Pourquoi ou pourquoi pas?

   _____

   _____

B. Questions personnelles. Ecoutez attentivement et répondez aux questions de votre professeur. (*10 points*)

1. _____

2. _____

3. _____

4. _____

5. _____

Structures

C. Prépositions avec infinitifs. Complétez le paragraphe suivant par les prépositions convenables, ou par **x** (indiquant qu'une préposition n'est pas nécessaire). (*10 points*)

TOURNEZ S.V.P.

Chapitre 9 **81**

La plupart des jeunes aujourd'hui espèrent _____ voyager à l'étranger. Ils n'hésitent pas _____ prendre l'avion pour traverser l'Atlantique ou le Pacifique. Bien qu'ils choisissent _____ voyager avec un(e) ou plusieurs copains ou copines, ils refusent en général _____ consulter un agent (qui pourrait les aider _____ trouver un bon hôtel) — ils préfèrent _____ voyager de façon plus spontanée. Ils n'ont pas peur _____ se perdre dans une ville et de devoir _____ arrêter un passant pour lui demander des renseignements. En fait, cela leur donne l'occasion de parler avec les habitants. Parfois ceux-ci les invitent _____ loger chez eux. Dans ce cas-là, il vaut mieux savoir _____ parler la langue du pays. Voilà une bonne raison d'apprendre des langues étrangères!

D. Autres prépositions. Complétez le paragraphe suivant par les prépositions convenables. (*12 points*)

Tianné Gaye est une jeune Sénégalaise de dix-sept ans. Elle est née _____ Dakar, mais elle a vécu _____ France _____ sept ans, quand elle était petite. Maintenant, de retour _____ Sénégal, elle termine ses études secondaires. Elle va dans un lycée dakarois, mais au moment des vacances, et _____ été, elle habite avec de la famille _____ Yoff, un petit village de pêcheurs pas très loin de Dakar: _____ autobus, on peut faire le trajet Dakar–Yoff _____ moins d'une heure. Tianné a déjà visité d'autres pays africains; elle est allée, par exemple, _____ Gambie (où on parle anglais) et _____ Togo, un autre pays francophone. Cet été, elle va rejoindre sa tante _____ Italie. Mais ce dont elle a vraiment envie, c'est de voyager _____ Etats-Unis. Si nous l'invitions à nous rendre visite?!

E. Les pronoms relatifs. Complétez les phrases suivantes par l'expression relative convenable. (*20 points*)

1. Se reposer! Voilà _____ Jacques va faire après les examens!

2. Il va être très content le jour _____ son dernier examen aura lieu.

3. Son cours de français? C'est le cours _____ il se souvient le mieux.

4. Son professeur de théâtre est celui _____ est si sympathique.

5. _____ le journaliste a beaucoup parlé était surprenant.

NOM _____ COURS _____

   6. La région francophone à _____ Jacques s'intéresse le plus, c'est la Martinique.

   7. La Guadeloupe est une île _____ il va visiter cet été.

   8. _____ est difficile en arrivant pour la première fois aux Antilles, c'est de comprendre le créole.

   9. Heureusement, l'ami avec _____ Jacques va voyager parle créole.

   10. Le marché près _____ se trouve leur hôtel est pittoresque.

F. **Le participe présent.** Combinez les phrases suivantes en employant un participe présent. (*9 points*)

   1. Je suis arrivée à Paris. Je suis allée immédiatement au Quartier latin.

   _____

   2. Au café, j'ai mangé un sandwich au jambon. J'ai regardé les passants.

   _____

   3. J'étais contente de lire un journal. J'ai bu un café au lait.

   _____

Pratique

G. **Mes opinions.** Parlez de vous et de vos opinions en utilisant un **pronom relatif** chaque fois que vous complétez une phrase. (*24 points*)

   1. Je suis la sorte de personne _____.

   2. J'ai un(e) camarade de chambre _____.

   3. Ce semestre, j'ai des cours _____.

   4. Je préfère lire les livres _____.

   5. Le meilleur moment de ma vie a été le moment _____.

6. Je connais un(e) étudiant(e) étranger(-ère) _____
   _____.

7. Je voudrais voyager dans un pays francophone _____
   _____.

8. Le français est une langue _____
   _____.

NOM _____   COURS _____

Chapitre 9

EXAMEN B

Activités de compréhension

A. Vidéoclip 18. Le Port de Genève. Encerclez un cercle autour de la lettre **a** ou **b** pour indiquer la bonne réponse. (*15 points*)

1. Philippe est
   a. un étudiant suisse en vacances à Genève.
   b. un étudiant français en vacances en France.

2. Le lac qui se trouve au milieu de Genève
   a. est appelé lac Léman par les Français.
   b. est appelé lac de Genève par les Français.

3. En ce qui concerne les cygnes dans le lac,
   a. les touristes adorent leur donner à manger.
   b. il faut s'en méfier car ils sont agressifs.

4. Les touristes
   a. fréquentent souvent les cafés.
   b. achètent souvent des drapeaux et des plans de la ville.

5. Il paraît que les Suisses adorent
   a. les fleurs et les jardins.
   b. prendre des photos et filmer.

B. Vidéoclip 18. Le Port de Genève. Vers la fin du vidéoclip, Philippe parle des bateaux que l'on voit dans le port. Complétez le paragraphe suivant à l'aide du clip. (*10 points*)

«Et vous voyez _____ vous _____ voiliers. Derrière _____ voiliers, on voit un bateau appelé **Genève.** _____ des bateaux qui emmènent les _____ ou les voyageurs le long du lac de Genève aux différents ports de chacune des villes côtières.»

Structures

C. Complétez chacune des phrases suivantes en utilisant un **infinitif**. N'oubliez pas qu'il est souvent nécessaire d'employer une **préposition** devant l'infinitif. (*15 points*)

1. Tous les jours, je dois _____.

2. Mes copains s'amusent _____.

3. Mon (Ma) meilleur(e) ami(e) sait bien _____.

4. En cours de français, nous essayons _____.

5. Mes parents voudraient _____.

6. Je refuse _____.

7. Quand on prend le train aux Etats-Unis, il faut _____.

8. J'ai un(e) ami(e) qui a peur _____.

9. Dans mon université, on s'habitue _____.

10. Pour s'amuser le week-end, mes copains et moi, nous préférons _____.

D. Voici l'histoire de François et Sylvia. Complétez l'histoire par les **prépositions** convenables. Certains blancs doivent rester tels quels, sans réponse. (*23 points*)

François est né _____ Gabon _____ Afrique. Puisqu'il est francophone, il a décidé _____ poursuivre ses études _____ France. Alors, il est allé _____ Montpellier où il est arrivé _____ été quand il faisait beau et chaud. D'abord François est resté _____ des amis, mais après quelque temps, il a trouvé un tout petit appartement _____ deux pièces _____ un immeuble assez près du campus. Pendant plusieurs mois, il a préféré prendre ses repas _____ Resto-U et travailler _____ la bibliothèque. Comme il n'avait pas beaucoup d'argent, et il a dû prendre un petit boulot _____ payer ses loisirs. Un jour, _____ printemps, François a rencontré Sylvia, une étudiante américaine qui était venue _____ France _____ un semestre _____ perfectionner son français. Les deux jeunes francophones sont tombés amoureux et ont voulu _____ se marier, mais il a fallu que François vienne _____ Etats-Unis _____ faire la connaissance des parents de Sylvia qui habitent _____ Virginie. Pour les parents de Sylvia, il a été difficile _____ comprendre François qui ne parlait pas très bien l'anglais, mais tout s'est bien passé. François et Sylvia se sont mariés _____ 1992. C'est une histoire _____ rendre tout le monde heureux, non?

E. Votre ami a passé un mois à la Martinique et il montre au Cercle Français les diapositives de ses vacances. Complétez chaque phrase par le **pronom relatif** convenable. (*10 points*)

1. Voici le groupe _____ j'ai rencontré à New York.

2. Nous avons pris un Airbus _____ était très confortable.

3. C'est l'aéroport à la Martinique _____ nous avons atterri.

4. Voilà l'hôtel dans _____ nous sommes restés.

5. Voici le guide _____ le frère travaille en Floride.

NOM _____ COURS _____

    6. Je ne peux pas vous raconter tout _____ nous avons fait en huit jours.

    7. _____ m'a vraiment impressionné à la Martinique, c'est la beauté de la végétation et du paysage.

    8. Enfin, voici des petites îles sur _____ on a passé une journée magnifique.

    9. Voici des Martiniquais _____ j'ai fait la connaissance sur la plage.

   10. Il y a des membres du groupe à _____ j'écris toujours.

Pratique

F. Le monde francophone. Vous posez votre candidature pour une bourse d'études à l'étranger. Choisissez un pays ou une région francophone que vous voulez visiter. Ensuite, en utilisant un maximum de **prépositions,** écrivez un paragraphe de 10 à 15 phrases pour convaincre le comité que vous êtes le (la) meilleur(e) candidat(e). (*27 points*)

_____

_____

_____

_____

_____

_____

_____

_____

_____

_____

_____

_____

_____

_____

Chapitre 10

INTERROGATION

Structures

Complétez les paragraphes suivants par les structures convenables.

Si le voyage ne _____ pas trop cher, Sylvie et Dominique _____ passer leurs vacances à la Martinique. Elles _____ rester un mois dans cette île tropicale où elles _____ sur la plage et _____ dans la mer. Si elle _____ un peu d'argent supplémentaire, Sylvie _____ des vêtements et des souvenirs pour ses amis. Dominique _____ du camping ou des randonnées si elle _____ trouver un club de trekking. Les deux copines _____ danser dans les clubs tous les soirs et elles _____ tard tous les matins. Si elles _____ l'argent nécessaire, voilà les vacances idéales qu'elles _____.

Mais Sylvie et Dominique doivent faire d'autres projets, car ces vacances idéales sont trop chères. Quand le congé annuel _____, elles _____ un petit trajet en voiture. Elles _____ la voiture de Sylvie et elles _____ sur la Côte près de Fréjus. Dominique _____ aux hôtels pour trouver une chambre. Quand elle _____ le temps, Sylvie _____ le *Guide Michelin* et _____ la voiture. Si l'hôtel _____ un acompte, elles _____ de l'argent pour réserver leur chambre. Quand le voyage _____ organisé, elles _____ et elles _____ beaucoup pendant ce petit trajet qui n'est peut-être pas idéal mais certainement plus réaliste.

Pratique

Décrivez en cinq ou six phrases ce que vous feriez pendant les vacances si vous aviez le temps et l'argent nécessaire. Ensuite, composez un deuxième petit paragraphe dans lequel vous décrivez ce que vous ferez en réalité cet été.

NOM _____ COURS _____

Chapitre 10

EXAMEN A

Activités de compréhension

A. **Dans une agence de voyage.** Ecoutez attentivement la conversation suivante entre Mireille et l'agent de voyage. Ensuite, indiquez si les phrases suivantes sont vraies ou fausses en écrivant un «V» ou un «F» devant chaque phrase. (*10 points*)

1. _____ Mireille a l'intention de voyager à Bruxelles, et de Bruxelles en Angleterre, sa destination finale.

2. _____ Malheureusement, il n'y a pas de tarif réduit pour les étudiants qui voyagent en avion.

3. _____ Si on prend le train de Montpellier à Bruxelles, il faut prendre une correspondance.

4. _____ Le train serait plus rapide et moins compliqué.

5. _____ Mireille voudrait surtout trouver un prix intéressant.

B. **Questions personnelles.** Ecoutez attentivement les questions du professeur. Ensuite, répondez par des phrases complètes. (*15 points*)

1. _____

2. _____

3. _____

4. _____

5. _____

Structures

C. **Les vacances d'été.** Vous avez déjà fait des préparatifs pour votre voyage en France cet été. Mais que ferez-vous si vous oubliez quelque chose? Complétez les phrases suivantes en expliquant ce que vous ferez dans chaque cas. (*12 points*)

TOURNEZ S.V.P.

Chapitre 10 **91**

1. Si j'oublie d'apporter mon dictionnaire, _____.

2. Si j'oublie de réserver une chambre d'hôtel, _____.

3. Si j'oublie de laisser le chat chez mon voisin, _____.

4. Si j'oublie mon passeport, _____.

5. Si j'oublie d'aller à la banque pour retirer (*withdraw*) de l'argent pour le voyage, _____.

6. Si j'oublie de prendre l'adresse de l'hôtel où nous passerons nos vacances, _____.

D. **Opinions personnelles.** Imaginez votre avenir en complétant les phrases suivantes. (*15 points*)

1. Si j'ai une bonne note à ce cours, je _____.

2. Si je _____,

   j'habiterai en France.

3. Dès que je _____,

   je partirai en vacances.

4. Après que je _____,

   nous voyagerons à la Martinique.

5. Si un jour je me marie, _____.

E. **Que feraient-ils?** Vous faites partie d'un comité qui est chargé d'identifier les besoins les plus urgents de la Maison française. Parlez des désirs de ces différentes personnes en composant des phrases au **conditionnel** à l'aide des éléments donnés. (*7 points*)

1. le Professeur Michel / acheter / un plus grand bâtiment pour la Maison française

_____

2. les étudiants / établir / de nouvelles règles

3. je / préférer / avoir plus de fêtes pendant l'année scolaire

4. les professeurs / vouloir / construire une plus grande cuisine

5. mes amis / inviter / plus d'étudiants à y vivre avec nous

6. l'animatrice de la Maison française / organiser / un festival de films français

7. tout le monde / être d'accord / pour agrandir les parkings près de la Maison française

F. **Des conseils.** Un de vos amis vous demande des conseils. Que feriez-vous (ou qu'est-ce que vous auriez fait) à sa place? Commencez chaque réponse avec l'expression «A ta place, je...» Attention au temps du verbe. (*16 points*)

1. «J'ai trois examens le même jour. Je ne sais pas quoi faire!»

    A ta place, je

2. «J'ai commencé à étudier pour ces examens hier soir.»

3. «Il faut que je travaille cet été, mais je n'ai pas encore trouvé d'emploi.»

Chapitre 10

4. «Mes parents veulent que je suive des cours cet été, mais je préfère travailler si c'est possible.»

5. «Ce matin, mon camarade de chambre a décidé d'abandonner ses études. Je n'ai rien dit.»

6. «Le semestre prochain, je voudrais étudier à l'étranger, mais je ne connais pas bien les universités françaises.»

7. «Je regrette maintenant d'avoir laissé tomber le cours d'art contemporain.»

8. «Hier, j'ai décidé d'aller à la plage au lieu d'étudier.»

Pratique

G. Ce que je ferais pour mon université. C'est souvent le manque de temps ou d'argent qui nous empêche de résoudre certains problèmes. Mais que feriez-vous pour votre université si vous aviez le temps et l'argent? (*25 points*)

Verbes utiles

aider	construire	être	pouvoir	travailler
aller	développer	offrir	prendre	trouver
changer	établir	organiser	proposer	vouloir

Si j'avais assez de temps…

1. _____

2. _____

3. _____

NOM _____ COURS _____

4. _____

_____

5. _____

_____

Si j'étais riche…

6. _____

_____

7. _____

_____

8. _____

_____

9. _____

_____

10. _____

_____

NOM _____ COURS _____

Chapitre 10

EXAMEN B

Activités de compréhension

A. Vidéoclip 21. Dans une station de ski. Regardez le vidéoclip et indiquez si les phrases suivantes sont vraies ou fausses en écrivant un «V» ou un «F» devant chaque phrase. (*10 points*)

_____ 1. Les brochures que la femme demande donnent une liste des bars, des restaurants et des commerces de la station.

_____ 2. Toutes les activités offertes dans cette station sont des activités sportives.

_____ 3. Les pistes de ski alpin et de ski de fond sont indiquées sur le plan des pistes.

_____ 4. L'accès aux remontées mécaniques est gratuit.

_____ 5. Il est obligatoire de prendre des leçons de ski en groupe.

B. Répondez par des phrases complètes aux questions personnelles suivantes. (*15 points*)

1. Faites-vous du ski? Pourquoi?

   _____

   _____

2. Si vous aviez le choix, passeriez-vous vos vacances à la montagne ou à la plage? Pourquoi?

   _____

   _____

3. Quelles activités sportives feriez-vous pendant des vacances de rêve?

   _____

   _____

4. Voudriez-vous passer des vacances à l'étranger? Où aimeriez-vous aller? Pourquoi?

   _____

   _____

5. En réalité, où passerez-vous vos prochaines vacances?

   _____

   _____

Structures

C. Conjuguez le verbe entre parenthèses et puis terminez la phrase. Il faut choisir entre le **futur**, le **futur antérieur** et le **présent**. (*20 points*)

1. Je (J') _____ (aller) en France cet été si _____.

2. Quand mon (ma) camarade de chambre _____ (recevoir) son diplôme, il / elle _____.

3. Lorsque mes copains et moi, nous _____ (avoir) du temps libre, nous _____.

4. Quand je (j') _____ (terminer) mes études, je (j') _____.

5. Mes parents _____ (être) contents quand je (j') _____.

6. Dans cinq ans, je (j') _____ (gagner) un bon salaire, si je (j') _____.

7. Et vous, Monsieur / Madame (nom du prof de français), est-ce que vous _____ (faire) un voyage cet été quand _____.

8. Mon (Ma) meilleur(e) ami(e) _____ (acheter) une nouvelle voiture dès qu'il / elle _____.

9. Lorsque les vacances d'été _____ (arriver), je (j') _____.

10. Après que je (j') _____ (finir) cet examen, je (j') _____.

D. Conjuguez le verbe entre parenthèses et puis terminez la phrase. Il faut choisir entre l'**imparfait** et le **conditionnel**. (*20 points*)

1. Si j' _____ (avoir) un million de dollars, je _____.

2. Mes parents _____ (vouloir) faire un voyage s'ils _____.

3. Mes copains _____ (aller) à la plage s'ils _____.

NOM _____ COURS _____

4. En cours de français, nous _____ (réussir) tous les examens, si nous _____

_____.

5. Notre professeur de français _____ (être) content si nous _____

_____.

6. On _____ (parler) plus français si _____

_____.

7. Mon (Ma) camarade de chambre me _____ (rendre) visite cet été si _____

_____.

8. Si je _____ (recevoir) un A à l'examen, je _____

_____.

9. Je _____ (passer) de bonnes vacances si _____

_____.

10. Et vous, Monsieur / Madame (nom de votre prof de français), que _____ -vous

    (faire) si _____?

E. **Pour refaire ma vie.** Le passé du conditionnel est souvent employé pour exprimer des regrets. Composez cinq phrases au **passé du conditionnel** pour dire ce que vous auriez fait de différent dans la vie. (*15 points*)

1. _____

_____

2. _____

_____

3. _____

_____

4. _____

_____

5. _____

_____

Pratique

F. Si c'était à moi de décider... Complétez les phrases suivantes en indiquant en quoi les choses seraient différentes si c'était à vous de prendre les décisions importantes de notre époque. (*20 points*)

1. Si j'avais assez d'argent, les gens sans domicile _____

    _____.

2. Si j'avais le pouvoir d'influencer les journalistes de ce pays, _____

    _____.

3. Si j'étais président(e) de cette université, _____

    _____.

4. Si je pouvais trouver un vaccin contre une maladie actuelle incurable, _____

    _____.

5. Si je pouvais être quelqu'un d'autre pour 24 heures, _____

    _____.

Answer Key and Scoring Recommendations / Interrogations

Chapitre 1

Structures

First paragraph: un; va; une; habite; un; s'appelle; il y a; ont; de; préfère; aime; les; de; les; sont; paie; une; fait; est; la

Second paragraph: vont; Voilà; achetons; les (des); la; allons; va; un (le); oublie; avons; font; achètent; des; de l'; de la (une); de; de; des; retournent; des

- *Grading:* 2 points per answer (80 total points)

Pratique

Answers will vary.

- *Grading:* 4 points per answer (20 total points). Note that question #3 is two parts (i.e. 4 points each part)
- *Suggested breakdown:* 1½ points for vocabulary; 1½ points for meaning; 2 points for accuracy

Chapitre 2

Structures

First paragraph: a; veut; est en train de; depuis; réfléchit; se réveille; se dépêche; être à l'heure; a besoin; finit; ne… jamais; a besoin; s'amuser; descend; voit; peuvent

Second paragraph: s'entendent; se parlent; a; veut; obéit; s'arrêter; doit; a… envie; se couche

Third paragraph: a mal à la tête; répond; a peur; n'… pas encore; choisit; se lève; s'habille; sait

Fourth paragraph: nous voyons; ne… plus; attendons; nous détendre

- *Grading:* 2 points per answer (74 total points)

Pratique

Answers will vary.

- *Grading:* 6½ points per question (26 total points)
- *Suggested breakdown:* 3 points for interrogative form; 1½ points for accuracy; 2 points for meaning

Chapitre 3

Structures

First paragraph: plus… que; Ses; finissent; sportif; ses; part; son; sort; heureux (content); sa; content (heureux); ses; Cette (Sa)

Second paragraph: sort; sa; C'est; moins de; ils sont; se sert; c'est; heureuse; viennent; ses; leurs; loyales; bonnes

Third paragraph: importants; plus… qu'; Leurs; belle; Sa; s'appelle; Ce; leur; leurs; moins… que; Il est

Fourth paragraph: C'est

- *Grading:* 2 points per answer (76 total points)

Pratique

Answers will vary.

- *Grading:* 4 points per answer (24 total points)
- *Suggested breakdown:* 2 points for accuracy; 2 points for meaning

Chapitre 4

Structures

est venu; a loué; est rentré; s'est installé; a essayé; a allumé; s'est passé; a pensé; a cassé; s'est dépêché; a décrit; a… répondu; est retourné; a regardé; a dû; a manqué; a cherché; a choisi (a vu); a passé; s'est couché

- *Grading:* 3 points per answer (60 total points)

Pratique

Answers will vary.

- *Grading:* 5 points per answer (40 total points)
- *Suggested breakdown:* 3 points for accuracy (1 point for verb; 2 points for remainder of statement); 2 points for meaning

Chapitre 5

Structures

First paragraph: ont décidé; se sont levées; ont fait; ont pris; étaient; regardaient; dormaient; lisait; pensait; allaient (voulaient); ont… dormi

Second paragraph: est arrivé; sont descendues; sont allées; était; était; se sont installées; se sont reposées (ont dormi)

Third paragraph: voulaient; aimaient; ont dîné; servait; sont montées; se présentait; ont recontré; parlaient; sont allés; a aimé (aimait); jouait

Fourth paragraph: se sont senties (étaient); sont rentrées; ont parlé; se sont couchées; se sont endormies

- *Grading:* 2 points per answer (68 total points)

Pratique

Answers will vary.

- *Grading:* 4 points per answer (32 total points)
- *Suggested breakdown:* 2 points for form; 2 points for meaning

Chapitre 6

Structures

est-ce que; Quand; quels; Qu'est-ce qui; Qui; qui; A quelle heure; Laquelle; Qu'est-ce que; Où; Quelle; Qui; Comment; que; Lequel; A quelle heure

- *Grading:* 4 points per answer (64 total points)

Pratique

Answers will vary.

- *Grading:* 6 points per answer (36 total points)
- *Suggested breakdown:* 2 points for interrogative form; 2 points for full question; 2 points for meaning

Chapitre 7

Structures

First paragraph: vous; vous; l'; y; les; les; moi; y; le mien; lui; moi; lui; leur; eux

Second paragraph: y; moi; en; les; lui; le

Third paragraph: y; nous; le; moi; y; les; la mienne; celle; en; le sien

- *Grading:* 2 points per answer (60 total points)

Pratique

Answers will vary.

- *Grading:* 40 total points
- *Suggested breakdown:* 20 points for content; 20 points for accuracy and paragraph cohesion

Chapitre 8

Structures

First paragraph: soit, réussisse; aient (obtiennent); puissent; choisissent; étudient; passer; soient; sachent; obtiennent (ont); fassent; croient

Second paragraph: s'inscrivent; lisent; aient; écrive; tienne

- *Grading:* 4 points per answer (68 total points)
- *Suggested breakdown:* 2 points for choice of indicative/subjunctive; 2 points for verb form

Pratique

Answers will vary.

- *Grading:* 4 points per answer (32 total points)
- *Suggested breakdown:* 2 points for accuracy; 2 points for content

Chapitre 9

Structures

First paragraph: qu'; lesquels; en; en; au; aux; aux; qui

Second paragraph: au; en; à; X; en; à; de; en; d'; d'; en; à; par; à; étudiant; de (par)

Third paragraph: donnant; de; d'; de; qui; en; X; Pendant; à; dont

Fourth paragraph: au; X; pendant; chez; ce qui; à; X; au; X; X; qui; En; X; dans

- *Grading:* $1\frac{1}{2}$ points per answer (72 total points)

Pratique

Answers will vary.

- *Grading:* 28 total points
- *Suggested breakdown:* 14 points for content; 14 points for accuracy and paragraph cohesion

Chapitre 10

Structures

First paragraph: coûtait; aimeraient; voudraient; se reposeraient; se baigneraient; avait; achèterait; ferait; pouvait; iraient; dormiraient; avaient; s'offriraient

Second paragraph: arrivera; feront; prendront; iront; téléphonera; aura; consultera; préparera; demande; enverront; sera; partiront; s'amuseront

- *Grading:* 2 points per answer (52 total points)

Pratique

Answers will vary.

- *Grading:* 24 points per paragraph (48 total points)
- *Suggested breakdown for each paragraph:* 12 points for content; 12 points for accuracy and paragraph cohesion

Answer Key and Scoring Recommendations / Examens A

*The Listening Comprehension Script and the **Questions personnelles** (**Activités de compréhension**) appear at the beginning of this book, pages xi – xix.*

Chapitre 1

Activités de compréhension

A. Pour préparer un repas.

*(The recording for this passage is on the Tape Program, **Chapitre 1, Activités de compréhension Ex. A**)*

Answers: 1. V 2. F 3. V 4. F 5. V

- *Grading:* 2 points per answer (10 total points)

B. A la boulangerie-pâtisserie.

*(The recording for this passage is on the Tape Program, **Chapitre 1, Structures, Ex F**. Please note: the correct answers for the partial dictation are underlined in the Listening Comprehension Script, pages xi – xii.)*

Answers: travaillent; prépare; font; avons; ai; ai; frais; est; enveloppez; Donnez; aimez; est; résiste; pense; a

- *Grading:* 1 point per answer (15 total points)

Structures

C. *Answers:* avons; Préparons; préfères; Achetons; coûte; penses; oublie; déteste; vais; vont; suis; faisons; espère

- *Grading:* 2 points per answer (26 total points)

D. *Answers:* La; les; de; au; des; des; Le; une; des; une (de la); du; de l'; du; des

- *Grading:* 2 points per answer (28 total points)
- *Suggested breakdown:* 1 point for decision to use article (definite, indefinite, or partitive); 1 point for gender

E. *Answers:* 1. Thomas fait acheter des décorations. 2. Edouard et Thomas font préparer des hors-d'œuvre. 3. On fait faire des tartelettes.

- *Grading:* 2 points per answer (6 total points)

Pratique

F. *Answers will vary.*

- *Grading:* 3 points per answer (15 total points)
- *Suggested breakdown:* 1 point for form of **aller;** 1 point for infinitive; 1 point for meaning

Chapitre 2

Activités de compréhension

A. La France et l'Amérique.

*(The recording for this passage is on the Tape Program, **Chapitre 2, Activités de compréhension Ex. L.**)*

Answers: 1. F 2. V 3. V 4. F 5. V

- *Grading:* 2 points per answer (10 total points)

B. Questions personnelles.

(See Listening Comprehension Script, pages xii – xiii.)

Answers will vary.

- *Grading:* 3 points per answer (15 total points)
- *Suggested breakdown:* 1 point for comprehension of question; 1 point for verb; 1 point for remainder of statement

Structures

C. *Answers (There may be more than one possible answer for some sentences.):* se réveillent (se lèvent); s'habillent; se coiffent; se dépêchent; vont; rentrent; mange sur le pouce; dîne; regardent; écoutent; descendent; doivent; se couche; se lever (se réveiller); se détendre

- *Grading:* 2 points per answer (30 total points)
- *Suggested breakdown:* 1 point for choice of verb; 1 point for correct form of verb

D. *Answers (There may be more than one possible answer for some sentences.):* 1. Je vais être en retard. 2. J'ai sommeil. 3. J'ai de la chance. 4. Je suis en train d'étudier.

- *Grading:* 2 points per answer (8 total points)
- *Suggested breakdown:* 1 point for accuracy, 1 point for meaning (choice of idiomatic expression)

E. *Answers will vary.*

- *Grading:* 2 points per answer (12 total points)
- *Suggested breakdown:* 1 point for interrogative; 1 point for meaning

Pratique

F. *Answers will vary.*

- *Grading:* (25 total points)
- *Suggested breakdown:* equal weighting for accuracy and meaning

Chapitre 3

Activités de compréhension

A. Le mercredi de Bruno.

*(The recording for this passage is on the Tape Program, **Chapitre 3, Activités de compréhension Ex. K.**)*

Answers: 1. V 2. F 3. F 4. V 5. V

- *Grading:* 2 points per answer (10 total points)

B. La publicité à la radio. *(See Listening Script, page xiii.)*

*(The recording for this passage is on the Tape Program, **Chapitre 3, Structures Ex I.**)*

Answers:

1. 2 432; 1 999
2. 325; 275
3. 1 765; 1 588
4. 125; 95
5. 2 125; 1 850

- *Grading:* 1 point per answer (10 total points)

Structures

C. *Answers:* 1. Nous partons... 2. Ils viennent... 3. D'habitude, je dors... 4. Tu sors... 5. La bibliothèque ouvre...

- *Grading:* 2 points per answer (10 total points)

D. *Answers:* ma; C'est; elle est; Tes; (qu')ils sont; ton; c'est; mon; Leur

- *Grading:* 2 points per answer (18 total points)
- *Suggested breakdown:* 1 point for choice; 1 point for form

E. *Answers may vary. Sample possible answers:* 1. sportive 2. intelligents 3. amusantes (intéressantes) 4. vieille (belle) 5. heureux/heureuse (content/contente)

- *Grading:* 3 points per answer (15 total points)
- *Suggested breakdown:* 1 point for meaning; 1 point for agreement; 1 point for spelling

F. *Answers may vary. Sample possible answers:* 1. sérieusement 2. bien 3. lentement 4. souvent 5. peu

- *Grading:* 2 points per answer (10 total points)
- *Suggested breakdown:* 1 point for meaning; 1 point for form

Pratique

G. *Answers will vary.*

- *Grading:* 3 points per statement (27 total points)
- *Suggested breakdown:* 1 point for meaning; 2 points for accuracy

Chapitre 4

Activités de compréhension

A. La télé américaine.

*(The recording for this passage is on the Tape Program, **Chapitre 4, Activités de compréhension Ex. A**)*

Answers may vary in form; the essential information should be the same as follows: 1. Oui, il a pris la décision de passer au moins une heure chaque jour devant la télé. 2. Il a regardé la télé pendant cinq heures. 3. Il a beaucoup apprécié la grande variété des émissions qui passent à la télé. 4. Oui, dans le sens qu'il y a toujours au moins une émission à regarder. 5. La télé est un excellent moyen d'apprendre l'anglais.

- *Grading:* 3 points per answer (15 total points)
- *Suggested breakdown:* 2 points for comprehension; 1 point for form

B. **Questions personnelles.** *(See Listening Comprehension Script, page xiv.)*

Answers will vary.

- *Grading:* 3 points per answer (15 total points)
- *Suggested breakdown:* 1 point for comprehension of the question; 1 point for correct verb form; 1 point for remainder of statement

Structures

C. *Answers (There may be more than one correct answer for some statements.):* 1. connais 2. boivent 3. suis 4. prennent 5. disent 6. croyons 7. lisent 8. j'écris 9. apprend 10. buvons

- *Grading:* 2 points per answer (20 total points)
- *Suggested breakdown:* 1 point for choice of verb; 1 point for accurate form

D. *Answers:* 1. j'ai nettoyé 2. est arrivé 3. sommes sorti(e)s 4. sommes revenu(e)s 5. a bu 6. se sont brossé 7. ont acheté 8. j'ai passé 9. j'ai achetés 10. nous sommes parlé

- *Grading:* (16 total points)
- *Suggested breakdown:* Items 1, 5, 7, 8: 1 point each. Items 2, 3, 4, 6, 9, 10: 2 points each.

E. *Answers will vary.*

- *Grading:* 2 points per question (10 total points)
- *Suggested breakdown:* 1 point for form; 1 point for meaning

Pratique

F. *Answers will vary.*

- *Grading:* 3 points per statement (24 total points)
- *Suggested breakdown for each statement:* 1 point for meaning; 1 point for **passé composé**; 1 point for remainder of statement

Chapitre 5

Activités de compréhension

A. Corinne à Paris.

*(The recording for this passage is on the Tape Program, **Chapitre 5, Activités de compréhension Ex. A.**)*

Answers: 1. V 2. F 3. V 4. F 5. F

- *Grading:* 2 points per answer (10 total points)

Structures

B. *First paragraph:* étais; allais; avait; semblait; me saluait; me donnait; avait; ne voulaient pas; allait; avait

Second paragraph: sommes allés; voulait; sommes arrivés; n'était pas; l'avons attendu; se sont un peu fâchés; n'était pas; sommes partis; allait; j'étais

Third paragraph: sommes descendus; avons couru; se trouvait; était; ai présenté; a offert; avons acceptées; a posé; j'ai vu; s'entendait; j'ai été; avons beaucoup bavardé; avaient déjà regardé; n'ont pas pu; ont fait

- *Grading:* 2 points per answer (70 total points)
- *Suggested breakdown:* 1 point for correct choice of tense; 1 point for correct form

Pratique

C. *Answers will vary.*

- *Grading:* (20 total points)
- *Suggested breakdown:* equal weighting for accuracy and meaning

Chapitre 6

Activités de compréhension

A. Les amateurs de cinéma.

(The recording for this passage is on the Tape Program, Chapitre 6, Activités de compréhension Ex. A.)

Answers: 1. F 2. F 3. V 4. F 5. V

- *Grading:* 2 points per answer (10 total points)

B. Questions personnelles. *(See Listening Comprehension Script, page xv.)*

Answers will vary.

- *Grading:* 3 points per answer (15 total points)
- *Suggested breakdown:* 1 point for comprehension of question; 1 point for correct verb form; 1 point for remainder of statement

Structures

C. *Answers will vary. Possible interrogatives:* 1. à quelle heure 2. comment 3. qui 4. quelle (de quoi) 5. qu'est-ce qui

- *Grading:* 3 points per answer (15 total points)
- *Suggested breakdown:* 1 point for meaning; 2 points for interrogative

D. *Answers will vary. Possible interrogatives:* 1. combien de fois 2. quel 3. à quelle heure 4. quelles 5. qu'est-ce que

- *Grading:* 2 points per answer (10 total points)
- *Suggested breakdown:* 1 point for interrogative; 1 point for remainder of question

E. *Answers will vary.*

- *Grading:* 3 points per answer (15 total points)
- *Suggested breakdown:* 1 point for logical follow-up question; 1 point for interrogative; 1 point for remainder of question

F. *Answers:* 1. fois 2. jours 3. heure 4. ans 5. le temps 6. la journée 7. fois 8. l'heure 9. L'année 10. soir

- *Grading:* 1 point per answer (10 total points)

Pratique

G. *Answers will vary*

- *Grading:* 5 points per answer (25 total points)
- *Suggested breakdown:* 2 points for content (meaningful question); 2 points for interrogative; 1 point for remainder of question

Chapitre 7

Activités de compréhension

A. Le voyage extraordinaire de Marie-France.

*(The recording for this passage is on the Tape Program, **Chapitre 7, Activités de compréhension Ex. A.**)*

Answers: 1. Elle va à New York. 2. Elle a pris un vol direct pour ne pas courir de risques. 3. On avait envoyé sa valise à Los Angeles. 4. Ses bagages sont arrivés à New York 5. On a annulé le vol — elle a pris un autre vol un peu plus tard.

- *Grading:* 2 points per answer (10 total points)
- *Suggested breakdown:* 1 point for correct information; 1 point for form

B. Comment voyagent-ils?

*(The recording for this passage is on the Tape Program, **Chapitre 7, Vocabulaire actif Ex. B.**)*

Answers: 1. avion, train 2. bus, métro, train 3. avion 4. train 5. avion 6. bus 7. train 8. métro, train 9. métro 10. avion

- *Grading:* $1\frac{1}{2}$ points per answer (15 total points)

Structures

C. *Answers will vary. Some possible pronouns are:* 1. y 2. en 3. leur 4. y 5. les

- *Grading:* 3 points per answer (15 total points)
- *Suggested breakdown:* 1 point for choice of pronoun; 1 point for placement of pronoun; 1 point for meaning

D. *Answers will vary (sample answers):* 1. Oui, je suis content(e) de l'avoir choisie. 2. Oui, je leur rends souvent visite. 3. Oui, ils m'en donnent pour les payer. 4. Oui, je les trouve difficiles à faire. 5. Oui, j'ai l'intention d'y étudier. 6. J'en ai suivi quatre. 7. J'y allais deux fois par semaine. 8. Oui, il (elle) m'en a donné beaucoup. 9. Oui, je les y accompagne souvent. (the question is in "the present") 10. Oui j'y suis resté(e).

- *Grading:* $2\frac{1}{2}$ points per answer (25 total points)
- *Suggested breakdown:* 1 point for choice of pronoun; 1 point for placement; $\frac{1}{2}$ point for agreement or not

E. *Answers may vary (sample answers):* 1. Oui, ce sont mes photos; oui, ce sont les miennes. 2. Oui, ce sont ses cartes postales; oui, ce sont les siennes. 3. Cet appareil-photo est à moi; c'est le mien; c'est mon appareil-photo. 4. Oui, ce sont leurs affiches; oui, ce sont les leurs. 5. Oui, c'est mon dictionnaire; oui, c'est le mien.

- *Grading:* 2 points per answer (10 total points)
- *Suggested breakdown:* 1 point for proper construction; 1 point for gender

Pratique

F. *Answers will vary.*

- *Grading:* 2 points per answer (10 total points)
- *Suggested breakdown:* 1 point for meaning; 1 point for form

G. *Answers will vary.*

- *Grading:* (15 total points)
- *Suggested breakdown:* 5 points for content; 5 points for accuracy of form; 5 points for paragraph cohesion

Chapitre 8

Activités de compréhension

A. L'importance du bac.

*(The recording for this passage is on the Tape Program, **Chapitre 8, Activités de compréhension Ex. A.**)*

Answers: 1. Il faut être reçu au bac. 2. Elle a passé la série économique et sociale. 3. Elle a eu une moyenne de 14,5 à l'épreuve écrite. 4. On peut se rattraper en passant l'oral. 5. Environ 25% des candidats ratent le bac.

- *Grading:* 3 points per answer (15 total points)
- *Suggested breakdown:* 2 points for comprehension of question and correct information; 1 point for grammar

B. Questions personnelles. *(See Listening Comprehension Script, page xvii.)*

Answers will vary.

- *Grading:* 2 points per answer (10 total points)
- *Suggested breakdown:* 1 point for content showing comprehension; 1 point for accuracy of form

Structures

C. *Answers:* preniez; preniez; cherchiez; veulent; ait; ne constituent plus; veulent; veuillent; soient; font

- *Grading:* 2 points per answer (20 total points)
- *Suggested breakdown:* 1 point for correct choice of subjunctive or indicative; 1 point for correct form

D. *Answers:* 1. Leurs parents sont fâchés qu'elles soient allées en Floride la semaine dernière. 2. Il n'y a personne qui puisse répondre à ses questions. 3. Il paraît que les étudiants américains font souvent du sport. 4. Nous allons étudier jusqu'à ce que nous comprenions ce problème. 5. Bien qu'on ait écrit beaucoup, le cours était intéressant.

- *Grading:* 3 points per answer (15 total points)
- *Suggested breakdown:* 2 points for correct choice of subjunctive or indicative; 1 point for form

E. *Answers will vary.*

- *Grading:* 4 points per answer (20 total points)
- *Suggested breakdown:* 2 points for correct choice of subjunctive or indicative; 1 point for correct form; 1 point for remainder of statement

Pratique

F. *Answers will vary.*

- *Grading:* 2 points per answer (20 total points)

- *Suggested breakdown:* 1 point for meaning; 1 point for choice of verb tense and mode

Chapitre 9

Activités de compréhension

A. Les anciennes colonies de la France.

*(The recording for this passage is on the Tape Program, **Chapitre 9, Activités de compréhension Ex. K.**)*

Answers: 1. en Afrique du Nord, en Afrique Noire, aux Antilles. 2. Aujourd'hui, elle n'a plus de colonies. 3. Les étudiants sont ici pour apprendre une profession; la majorité des gens sont venus pour chercher du travail. 4. Ils emploient le français dans les cours universitaires chez eux. 5. Oui, ils ont des difficultés parce que les différences culturelles et la langue française présentent souvent des obstacles.

- *Grading:* 3 points per answer (15 total points)

- *Suggested breakdown:* 1 point for comprehension of question; 1 point for correct information; 1 point for grammar

B. Questions personnelles. *(See Listening Comprehension Script, page xviii.)*

Answers will vary.

- *Grading:* 2 points per answer (10 total points)

- *Suggestion for breakdown:* 1 point for comprehension; 1 point for accuracy

Structures

C. *Answers:* X; à; de; de; à; X; de; X; à; X

- *Grading:* 1 point per answer (10 total points)

D. *Answers:* à; en; pendant; au; en; à; en; en; en; au; en; aux

- *Grading:* 1 point per answer (12 total points)

E. *Answers:* 1. ce que 2. où 3. dont 4. qui 5. Ce dont 6. laquelle 7. qu' 8. Ce qui 9. qui 10. duquel

- *Grading:* 2 points per answer (20 total points)

F. *Answers:* 1. En arrivant à Paris, je suis allée immédiatement au Quartier latin. 2. Au café, j'ai regardé les passants en mangeant un sandwich au jambon. *ou* Au café, j'ai mangé un sandwich au jambon en regardant les passants. 3. J'étais contente de lire un journal en buvant un café au lait.

- *Grading:* 3 points per answer (9 total points)

- *Suggested breakdown:* 2 points for present participle; 1 point for remainder of statement

Pratique

G. *Answers will vary.*

- *Grading:* 3 points per answer (24 total points)

- *Suggested breakdown:* 2 points for meaning; 1 point for relative pronoun

Chapitre 10

Activités de compréhension

A. **Dans une agence de voyage.**

(*The recording for this passage is on the Tape Program,* **Chapitre 10, Activités de compréhension Ex. A.**)

Answers: 1. F 2. F 3. V 4. F 5. V

- *Grading:* 2 points per answer (10 total points)

B. **Questions personnelles** (*See Listening Comprehension Script, page xix.*)

Answers will vary.

- *Grading:* 3 points per answer (15 total points)
- *Suggested breakdown:* 2 points for comprehension; 1 point for form

Structures

C. *Answers will vary.*

- *Grading:* 2 points per answer (12 total points)
- *Suggested breakdown:* 1 point for form; 1 point for meaning

D. *Answers will vary.*

- *Grading:* 3 points per answer (15 total points)
- *Suggested breakdown:* 1 point for choice of tense; 1 point for meaning; 1 point for remainder of statement

E. *Answers:* 1. achèterait 2. établiraient 3. préférerais 4. voudraient 5. inviteraient 6. organiserait 7. serait

- *Grading:* 1 point per answer (7 total points)

F. *Answers will vary.*

- *Grading:* 2 points per answer (16 total points)
- *Suggested breakdown:* 1 point for form; 1 point for meaning

Pratique

G. *Answers will vary.*

- *Grading:* $2\frac{1}{2}$ points per answer (25 total points)
- *Suggested breakdown:* 1 point for meaning; 1 point for conditional construction; $\frac{1}{2}$ point for remainder of statement

Answer Key and Scoring Recommendations / Examens B

*The Listening Comprehension Script (**Activités de compréhension**) appears in the separate **Videoscript.***

Chapitre 1

Activités de compréhension

A. *Answers:* 1. b 2. c 3. c 4. c 5. b

- *Grading:* 2 points per answer (10 total points)

B. *Answers:* 1. Vous avez *quoi comme autres couleurs?* 2. Vous avez les chaussures blanches *en trente-sept ou trente-huit?* 3. Est-ce que les chaussures noires *sont en soldes (sont soldées)?*

- *Grading:* 5 points per answer (15 total points)
- *Suggested breakdown:* 2 points for comprehension; 2 points for vocabulary; 1 point for accuracy

Structures

C. *Answers:* 1. dîne 2. travaillent 3. nous reposons 4. mange 5. habite (*Answers will vary.*) 6. t'amuses

- *Grading:* 1 point per answer (6 total points)

D. *Answers:* faisons; es; suis; allez; allons; a; est; êtes; sommes; va; fait; vais; vont; vas

- *Grading:* 1 point per answer (14 total points)

E. *Answers:* 1. va; achète 2. apportez 3. Allons 4. oublie 5. Espérons

- *Grading:* 1 point per answer (6 total points)

F. *Answers:* la; une; de; du; de la (une); de; les; de; de l'; de; des; une; le; la; le; de; de

- *Grading:* 2 points per answer (34 total points)
- *Suggested breakdown:* 1 point for choice of article (definite, indefinite; 1 point for form (correct use of masc., fem., **de** after negation)

Pratique

G. *Answers will vary.*

- *Grading:* 3 points per answer (15 total points)
- *Suggested breakdown:* 1 point for form of **aller** + infinitive; 1 point for meaning; 1 point for remainder of statement

Chapitre 2

Activités de compréhension

A. *Answers:* 1. c 2. b 3. a 4. b 5. b

- *Grading:* 2 points per answer (10 total points)

B. *Answers:* 1. Le Français moyen passe huit heures à dormir, 10 heures à travailler, six heures à se détendre. *Answers will vary.* 2. *Students should list three activities. Some possible choices are:* sport, musées, expositions, théâtre, concerts. *Answers will vary.* 3. *Students should list three activities. Some possible choices are:* encourager son équipe favorite à la télé, écouter son baladeur, feuilleter les magazines, lire des bandes dessinées, se plonger dans un roman, faire du jardinage.

- *Grading:* 5 points per answer (15 total points)

- *Suggested breakdown:* For each of the numbered items 1–3: 1 point for accuracy; 1 point for each of the 3 French choices; 1 point for appropriate personal response

Structures

C. *Answers:* 1. répondons 2. finis 3. rends 4. réussissent 5. vend 6. réfléchissez 7. finit 8. attendons

- *Grading:* 2 points per answer (16 total points)

D. *Answers:* 1. Je n'habite plus… 2. Nous ne nous parlons jamais. 3. Lydie n'achète rien… 4. Personne ne vient… 5. Lydie n'a ni chaîne stéréo ni four à micro-ondes.

- *Grading:* 2 points per answer (10 total points)
- *Suggested breakdown:* 1 point for choice of negative (accurate vocabulary); 1 point for placement (accurate form)

E. *Answers:* 1. se lève 2. nous amusons 3. s'entendent 4. te couches 5. nous détendre 6. vous reposez

- *Grading:* 2 points per answer (12 total points)
- *Suggested breakdown:* 1 point for reflexive pronoun; 1 point for verb form

F. *Answers:* 1. sont à l'heure 2. est en retard 3. a lieu 4. a froid 5. ont soif 6. a mal

- *Grading:* 2 points per answer (12 total points)
- *Suggested breakdown:* 1 point for correct choice of idiom; 1 point for verb form

Pratique

G. *Answers will vary.*

- *Grading:* $2\frac{1}{2}$ points per answer (25 total points)
- *Suggested breakdown:* 1 point for interrogative form; 1 point for verb form; $\frac{1}{2}$ point for remainder of statement

Chapitre 3

Activités de compréhension

A. *Answers:* 1.b 2.c 3.b 4.b

Grading: $2\frac{1}{2}$ points per answer (10 total points)

B. *Answers will vary. Some examples of favorable opinions are:* beaucoup de stars du rock and roll; la puissance américaine; des personnes qui arrivent à se motiver pour faire quelque chose. *Some examples of critical opinions are:* une société de consommation; c'est pas le paradis, quoi; une amitié bizarre, plus superficielle qu'avec l'amitié française

- *Grading:* $2\frac{1}{2}$ points per answer for list (10 total points); 5 points for personal opinion answer (5 total points)
- *Suggested breakdown:* Lists: 1 point for comprehension; $1\frac{1}{2}$ points for accuracy. Personal opinion: $2\frac{1}{2}$ points for content; $2\frac{1}{2}$ points for accuracy of form

Structures

C. *Answers:* 1. pars; Je pars de la maison à… *(Answers will vary.)*   2. partez; Nous (ne) partons (pas) souvent en voyage.   3. sors; Je (ne) sors (pas) souvent le soir.   4. viennent; Mes amis (ne) viennent (pas) dîner chez moi.   5. reviens; je (ne) reviens (pas) à l'université l'année prochaine.   6. dors; Je (ne) dors (pas) souvent tard le matin.   7. courons; Je (ne)cours (pas)… / Nous (ne) courons (pas)…   8. tiennent; Mes études (ne) me tiennent (pas) très occupé(e).

- *Grading:* 2 points per answer (16 total points)
- *Suggested breakdown:* 1 point for verb form; 1 point for comprehension

D. *Answers will vary.*

- *Grading:* 2 points per answer (10 total points)
- *Suggested breakdown:* 1 point for adjective form; 1 point for placement

E. *Answers:* 1. mon   2. son   3. leur   4. Notre   5. mes   6. ses   7. nos   8. votre

- *Grading:* 2 points per answer (16 total points)
- *Suggested breakdown:* 1 point for choice of possessive pronoun; 1 point for pronoun form

F. *Answers will vary.*

- *Grading:* 2 points per answer (8 total points)
- *Suggested breakdown:* 1 point for superlative form; 1 point for remainder of statement

Pratique

G. *Answers will vary.*

- *Grading: Descriptions:* 1 point per answer (10 total points) *Comparisons*: 3 points per answer (15 total points)
- *Suggested breakdown:* 1 point for form of comparison; 1 point for adjective form; 1 point for remainder of statement

Chapitre 4

Activités de compréhension

A. *Answers will vary. Some possible choices are:* sports; émissions musicales; documentaires; informations; séries américaines.

- *Grading:* 2 points each (10 total points)

B. *Answers will vary.*

- *Grading:* $7\frac{1}{2}$ points per answer (15 total points)
- *Suggested breakdown:* $2\frac{1}{2}$ points for comprehension; 3 points for choices; 2 points for accuracy of form

Structures

C. *Answers:* écris; crois; suivent; suis; écrivons; lis; écris; prend; sait; connaissons; prends; dit; Sais

- *Grading:* 2 points per answer (26 total points)
- *Suggested breakdown:* 1 point for choice of verb; 1 point for correct verb form

D. *Answers:* 1. sont venus 2. est sorti 3. avons regardé 4. n'ai pas consulté 5. n'a pas pu 6. nous sommes amusés

- *Grading:* 2 points per answer (12 total points)
- *Suggested breakdown:* 1 point for choice of auxiliary verb; 1 point for past participle

E. *Answers will vary.*

- *Grading:* 3 points per answer (12 total points)
- *Suggested breakdown:* 1 point for interrogative construction; 1 point for verb form; 1 point for remainder of the statement

Pratique

F. *Answers will vary.*

- *Grading:* (25 total points)
- *Suggested breakdown:* 10 points for usage and forms of the **passé composé;** 5 points for coherence of the narrative; 10 points for remainder of the paragraph

Chapitre 5

Activités de compréhension

A. *Answers:* 1. F 2. V 3. V 4. V 5. F 6. F 7. F 8. V 9. V 10. V

- *Grading:* 1 point per answer (10 total points)

B. *Answers will vary.*

- *Grading:* 5 points per answer (15 total points)
- *Suggested breakdown:* 3 points for comprehension; 2 points for verb form

Structures

C. *Answers:* 1. prenais 2. habitais 3. habitait 4. sortais 5. nous amusions 6. me téléphonaient 7. venais 8. me couchais 9. réfléchissions 10. avais

- *Grading:* 2 points per answer (20 total points)

D. *Answers:* 1. avait invité 2. avions nettoyé 3. étais allé(e) 4. avaient préparé 5. aviez apporté 6. était venue

- *Grading:* 1 point per answer (6 total points)

E. *Answers:* 1. avons voulu (voulions) 2. est allé 3. avait 4. nous sommes installées 5. ai consulté 6. avait 7. a choisi 8. m'intéressait 9. ai fait 10. étions 11. sommes sorties 12. a passé

- *Grading:* 2 points per answer (24 total points)
- *Suggested breakdown:* 1 point for choice of tense; 1 point for verb form

Pratique

F. *Answers will vary.*

- *Grading:* (25 total points)

- *Suggested breakdown:* 10 points for choice of tenses; 10 points for verb forms; 5 points for remainder of paragraph

Chapitre 6

Activités de compréhension

A. *Answers: 1. Some possible answers are:* films d'aventure; films d'horreur; films fantastiques; science fiction; films d'action; films d'anticipation (suspense); films d'amour; westerns; films policiers; comédies 2. a. science fiction; b. policier; c. comédie; d. western; e. aventure; f. amour

- *Grading:* 1 point per answer (10 total points)

B. *Answers will vary.*

- *Grading:* 5 points per answer (15 total points)

- *Suggested Breakdown:* 2 points for comprehension; 1 point for interrogative form; 2 points for accuracy

Structures

C. *Answers will vary*

- *Grading:* $2\frac{1}{2}$ points per answer (30 total points)

- *Suggested breakdown:* 1 point for logic of question; 1 point for interrogative form; $\frac{1}{2}$ point for remainder of question

D. *Answers may include:* 1. Quel film est-ce que tu viens de voir?; Quel film viens-tu de voir?; Lequel est-ce que tu viens de voir?; Lequel viens-tu de voir? 2. Quelle actrice est-ce que vous admirez…?; Quelle actrice admirez-vous…?; Laquelle est-ce que vous admirez…?; Laquelle admirez-vous…? 3. A quelles revues de cinéma est-ce que vous vous êtes-vous abonné(e)…?; A quelles revues de cinéma vous êtes-vous abonné(e)…?; Auxquelles est-ce que vous vous êtes abonné(e)…?; Auxquelles vous êtes-vous abonné(e)…? 4. A quels films est-ce que vous n'allez jamais?; A quels films n'allez-vous jamais?; Auxquels est-ce que vous n'allez jamais?; Auxquels n'allez-vous jamais? 5. Quel film de Spielberg est-ce que vous adorez?; Quel film de Spielberg adorez-vous?; Lequel est-ce que vous adorez; Lequel adorez-vous?

- *Grading:* 2 points per answer (10 total points)

- *Suggested breakdown:* 1 point for interrogative; 1 point for remainder of question

E. *Answers will vary.*

- *Grading:* 3 points per question (15 total points)

- *Suggested breakdown:* 1 point for meaning; 1 point for interrogative form; 1 point for remainder of statement

Pratique

F. *Answers will vary.*

- *Grading:* 5 points per answer (20 total points)

- *Suggested breakdown:* 1 point for logic of question; 1 point for interrogative form; 1 point for verb form; 1 point for remainder of question

Chapitre 7

Activités de compréhension

A. *Answers:* 1. F 2. F 3. V 4. F 5. F

- *Grading:* 2 points per answer (10 total points)

B. *Answers will vary. Some possible elements are:* Paris-Toulouse; six heures; Gare Montpernasse; prendre le métro jusqu'à la gare; un billet aller simple acheté à la gare avec une carte de crédit; composter le billet; le contrôleur vérifie le billet; lire le journal; regarder le paysage

- *Grading:* 3 points per sentence for 5 sentences (15 total points)
- *Suggested breakdown:* 2 points for coverage of each element; 1 point for accuracy of form

Structures

C. *Answers:* 1. Je l'étudie depuis… *(Answers will vary.)* 2. J'en suis… *(Answers will vary.)* 3. Ils (ne) les connaissent (pas) bien 4. Je (ne) leur parle (pas) souvent… 5. Je (n') en ai (pas) une (Je n'en ai pas.) 6. Je peux la garer sur le parking… Je peux y garer ma voiture 7. J'y (Je n'y) habite (pas) 8. Je les prends au restaurant universitaire; J'y prends mes repas; Je les y prends 9. Ils (ne) m'en donnent (pas) toujours (plus) 10. Je (ne) leur téléphone (pas) souvent 11. Je (n') habite (pas) chez eux… 12. J'en ai beaucoup (Je n'en ai pas beaucoup) 13. Je (ne) sors (pas) souvent avec eux 14. Je leur parle de…; J'en parle (Je n'en parle pas) à mes amis; Je (ne) leur en parle (pas) 15. Je (ne) veux (pas) y aller…

- *Grading:* 3 points per answer (45 total points)
- *Suggested breakdown:* 1 point for logic of response; ½ point for choice of pronoun(s); ½ point for placement of pronoun(s); 1 point for remainder of answer

D. *Answers:* 1. la mienne 2. les siens 3. le leur 4. les nôtres 5. la tienne

- *Grading:* 1 point per answer (5 total points)
- *Suggested breakdown:* ½ point for choice of pronoun; ½ point for form of pronoun

E. *Answers:* 1. celle-ci / celle-là 2. ceux que 3. celles de 4. celui où 5. Celles que

- *Grading:* 1 point per answer (5 total points)
- *Suggested breakdown:* ½ point for demonstrative pronoun; ½ point for linking element

Pratique

F. *Answers will vary.*

- *Grading:* 1 point per answer (5 total points)

G. *Answers will vary.*

- *Grading:* 3 points per sentence for 5 sentences; 1½ points per sentence for 10 sentences (15 total points)
- *Suggested breakdown:* 5 points for choice of verb tenses; 5 points for overall accuracy and use of vocabulary; 5 points for remainder of paragraph

Chapitre 8

Activités de compréhension

A. *Answers:* 1. a 2. b 3. a 4. a 5. b

- *Grading:* 2 points per answer (10 total points)

B. *Answers will vary.*

- *Grading:* 3 points per answer (15 total points)
- *Suggested breakdown:* 1 point for comprehension; 1 point for use of prepositions; 1 point for accuracy

Structures

C. *Answers:* 1. parlions 2. rendes 3. viennent 4. soyez 5. réponde 6. sache 7. finisse 8. écrive 9. alliez 10. fassent

- *Grading:* 1½ points per answer (15 total points)
- *Suggested breakdown:* 1 point for verb stem; 1 point for verb ending

D. *Answers:* 1. passent 2. fasse 3. doit 4. J'ai choisi 5. de ne pas trouver 6. soient 7. ait 8. soit

- *Grading:* 2 points per answer (16 total points)
- *Suggested breakdown:* 1 point for choice of subjunctive, indicative, infinitive; 1 point for verb form

E. *Answers:* 1. soit 2. rater 3. réussisse 4. fait 5. aille 6. suive 7. se soit spécialisée

- *Grading:* 2 points per answer (14 total points)
- *Suggested breakdown:* 1 point for choice of subjunctive, indicative, infinitive; 1 point for verb form

Pratique

F. *Answers will vary.*

- *Grading:* 3 points per answer (30 total points)
- *Suggested breakdown:* 1 point for choice of verb tense; 1 point for verb form; 1 point for remainder of statement

Chapitre 9

Activités de compréhension

A. *Answers:* 1. b 2. a 3. b 4. b 5. a

- *Grading:* 3 points per answer (15 total points)

B. *Answers:* devant; quatre; ces; Ce sont; touristes

- *Grading:* 2 points per answer (10 total points)

Structures

C. *Answers will vary.*

- *Grading:* 1½ points per answer (15 total points)
- *Suggested breakdown:* 1 point for choice of preposition; 1 point for remainder of statement

D. *Answers:* au; en; de; en; à; en; chez; de; dans; au; à; pour; au; en; pour; pour; x; aux; pour; en; de; en; à

- *Grading:* 1 point per answer (23 total points)

E. *Answers:* 1. que 2. qui 3. où 4. lequel 5. dont 6. ce que 7. Ce qui 8. lesquelles 9. dont 10. qui

- *Grading:* 1 point per answer (10 total points)

Pratique

F. *Answers will vary.*

- *Grading:* (27 total points)
- *Suggested breakdown:* 17 points for usage of prepositions; 10 points for remainder of paragraph

Chapitre 10

Activités de compréhension

A. *Answers:* 1. V 2. F 3. V 4. F 5. F

- *Grading:* 2 points per answer (10 total points)

B. *Answers will vary.*

- *Grading:* 3 points per answer (15 total points)
- *Suggested breakdown:* 2 points for coverage of question; 1 point for accuracy of form

Structures

C. *Answers:* 1. J'irai; *Answers will vary.* 2. recevra; *Answers will vary.* 3. aurons; *Answers will vary.* 4. j'aurai terminé; *Answers will vary.* 5. seront; *Answers will vary.* 6. gagnerai; *Answers will vary.* 7. ferez; *Answers will vary.* 8. achètera; *Answers will vary.* 9. arriveront; *Answers will vary.* 10. j'aurai fini; *Answers will vary.*

- *Grading:* 2 points per answer (20 total points)
- *Suggested breakdown:* 1 point for indicated verb form; $\frac{1}{2}$ point for choice of second verb; $\frac{1}{2}$ point for form of second verb

D. *Answers:* 1. avais; *Answers will vary.* 2. voudraient; *Answers will vary.* 3. iraient; *Answers will vary.* 4. réussirions; *Answers will vary.* 5. serait; *Answers will vary.* 6. parlerait; *Answers will vary.* 7. rendrait; *Answers will vary.* 8. recevais; *Answers will vary.* 9. passerais; *Answers will vary.* 10. feriez; *Answers will vary.*

- *Grading:* 2 points per answer (20 total points)
- *Suggested breakdown:* 1 point for indicated verb form; $\frac{1}{2}$ point for choice of second verb; $\frac{1}{2}$ point for form of second verb

E. *Answers will vary.*

- *Grading:* 3 points per answer (15 total points)
- *Suggested breakdown:* 1 point for form of the past conditional; 1 point for meaning; 1 point for remainder of statement

Pratique

F. *Answers will vary.*

- *Grading:* 4 points per answer (20 total points)
- *Suggested breakdown:* 1 point for usage of verb tense; 2 points for meaning; 1 point for remainder of statement